[泰] 阿姜查 著

保罗·布里特 英文编译

赖隆彦 译

证悟

阿姜查的见道历程

深圳报业集团出版社
SHENZHEN PRESS GROUP PUBLISHING HOUSE

责任编辑：郭良原
装帧设计：朱　锷

图书在版编目（CIP）数据

证悟：阿姜查的见道历程／（泰）阿姜查著；保罗·布里特英文编译；赖隆彦汉译．

—深圳：深圳报业集团出版社，2009.5

ISBN 978-7-80709-264-3

Ⅰ．证… Ⅱ．①阿… ②赖… Ⅲ．佛教—通俗读物 Ⅳ．B94-49

中国版本图书馆 CIP 数据核字（2009）第 063411 号

证悟：阿姜查的见道历程

〔泰〕阿姜查　著　保罗·布里特　英文编译　赖隆彦　译

深圳报业集团出版社出版发行

（518009　深圳市深南大道 6008 号）

三河市华晨印务有限公司印制　新华书店经销

2009 年 6 月第 1 版　2009 年 6 月第 1 次印刷

开本：787mm×1092mm　1/16

印张：16.5　字数：186 千字

ISBN 978-7-80709-264-3　定价：28.00 元

深报版图书版权所有，侵权必究。

深报版图书凡是有印装质量问题，请随时向承印厂调换。

回向

愿一切真实的精神导师皆能长驻于世
愿他们的清净教法传承都可代代留存

目录

序　在觉察中安住　杰克·康菲尔德 --- 001
英译者序　教导苦与苦的止息 --- 005
英文版致谢 --- 023

导　论　进入法的道路 --- 001

第一章　闻法 --- 015

第二章　思法 --- 031
　　　　现在法 --- 033
　　　　猎人的陷阱 --- 047

第三章　修法 --- 065
　　　　寂灭之道 --- 067
　　　　戒带来快乐 --- 075
　　　　—— 于松克朗的开示
　　　　修习禅定 --- 088
　　　　在家修 —— 别让猴儿烧了你的房子 --- 119
　　　　出家的生活 —— 人们为什么要出家？--- 136
　　　　是日已过 —— 对巴蓬寺尼众之讲话 --- 143

第四章　见法 --- 155
　　　　憍陈如觉悟了 --- 157
　　　　摸索 --- 173

第五章　证法 --- 183
　　　　超越因果 --- 185
　　　　让它成为涅槃之因 --- 191

第六章　传法 --- 203

　　　　附录　词汇表 --- 225

序 | 在觉察中安住

杰克·康菲尔德

当第一批西方弟子于20世纪60年代抵达巴蓬寺［*Wat Pah Pong*］时,阿姜查并未给予他们特殊的礼遇与照顾,不同于泰国以往对待西方僧侣的惯例。他并未放宽寺庙的要求与训练,而是坐在位于丛林中央之茅棚一隅的板凳上,盯着他们瞧。就像表匠揭开表盖,仔细检视里面的精密仪器一样,关切他们是否了解世间之苦与灭苦之道。然后他会笑着邀请他们聆听,并参与共修,如果他们够勇敢的话。

在那几年,僧团的人数还不多,很少人听过阿姜查禅师的名字。25年后,他已经成为当代最受敬重的森林禅修大师之一。1993年,在他的寺庙有近百万人,和泰国国王与王后一起参加他的葬礼,向他表达最后的敬意。今日,他的影响已经遍及全球,共计有上百座分支寺庙,并且拥有许多杰出的弟子,他们在国际上皆备受尊崇。

阿姜查的智慧通过许多善巧方便自然流露出来,于不经意间将弟子导向解脱。修行之初,他强调持戒与自律。集会时,他常援引逸事与典故,或者提出如公案般尖锐的问题。对于世间或弟子们的妄念,他则抱持幽默与风趣的态度。他的教学亲切活泼,以慈悲的了解与睿智的对话为基础,与弟子之间完全没有隔阂。虽然他的修行方式包含了道德、戒律、出离与禅定等严格的训练,但是却不会给人压力,自然而然将人导入智慧与解脱。

他的禅定教学直指解脱,从不拐弯抹角。他教导各种正念与禅定的传统修法时,总是尽量不提三昧、定境或开悟等特殊经验。禅定不过是一种工具,一种端坐检视自身的方法,目的只是为了降伏与拓展内心。他指导学生"在觉察中安住"〔直译为"安住在觉知者中"〕,发现内在自然的平静。他指出在禅定的基础上,我们将更能看见实相,即事物的"本来面目"。我们将能看出生命无常与无我的本质;发现苦、苦的起因与苦的止息。他认为禅定是让我们解脱束缚、停止斗争、放下执著与随遇而安的方法。

每一天,寺院都会定时课诵、工作、坐禅、行禅、止静与共修,其间都会穿插大师非正式的指导。偶尔,通常是在晚课后,阿姜查会闭上眼睛,针对寺里的比丘、尼众与其他在家信众,进行一次较长时间的开示。这些谈话有时会持续一至五个小时，新来的比丘称呼它们为"耐力讲座"。

如今保罗·布里特 [Paul Breiter]，一个阿姜查钟爱的资深弟子，将其中的一些开示从泰语与老挝语翻译出来，介绍给西方读者。能够拥有这些教法，真是无上的福分，它们都是阿姜查教学的精髓。在这些晚课后的开示中，他直截了当地将生命的实相呈现在我们的眼前，令你不得不正视它。当你阅读这些章句时，可以想象自己正身处于森林深处，在傍晚时分，已经经历两个小时的禅坐与和谐的唱诵。烛光摇曳生辉，森林中的小生物们逐渐安顿下来，发出窸窣的声响，夜间的知了也吟唱着——此时正是反省的好时机，可以好好探索有关生命的觉醒与实相。

如今大师正诚恳地向你诉说存在的本质，他知道你也一样会觉醒。"一切事情皆不确定，这就是这个器世间的根本实相。"他接着说，"随顺世间实相而行，不要在欲望中陷溺与迷失，不要被主观的情绪、意见与计划冲昏头。"他以简单的方式介绍实相："你并不拥有任何东西，甚至连你的想法与身体也不属于你；它们绝大多数是你无法掌控的，你必须慈悲地观照它们，一切事物皆受制于无常法，而非你对它们的意愿。当你真正了解这点时，你才能随遇而安与不动于心。"

在对寺里的尼众与比丘们谈话时，阿姜查鼓励他们恪遵佛陀的教诲，活出僧伽的尊严。他鼓舞他们坚定修行与自重，勇往直前。此外，他请他们反省深思：我真的将教法放在心上吗？我愿意去除一切贪、嗔、痴，放下并获得自在吗？无论多么困难，我是否能坚持修善与慈悲？我是否平易近人，不会骄傲与顽固？"不要将教法视为理所当然，"他接着说，"它们不只是哲学或理想而已。检视你自己，检视你自己的心，放弃苦与乐的纠缠，安住在中道上，在解脱之心上。让你身上的僧袍成为佛陀的标志，向世人宣说寂灭与智慧的生命实相。"

当他对来访的在家修行者、政府官员与军官们说法时，也是单刀直入，不会拐弯抹角地说些奉献与培福等表面文章，那些都已经是老生常谈了。他请他们落实佛法，实践善德与慈悲，并且自净其意，放下渴爱与烦恼。他认为这些才是佛法中真实的福德与功德。

在开示中，阿姜查提醒我们解脱是可能的。只要秉持善念，不断努力，我们每一个人都可以觉悟，都能达到佛陀的解脱与寂灭。

请用心阅读这些教导，慢慢咀嚼，让它们成为你探索的灵感泉源、心灵的良药，以及究竟解脱的导师。

愿阿姜查的法语为世界注入光明，愿它们为读者带来喜悦与觉醒。

杰克·康菲尔德
于心灵磐石中心 [*Spirit Rock Center*]
2000年

英译者序 | 教导苦与苦的止息

在当代泰国佛教大师中,阿姜查对西方佛弟子的影响无人能及。他的教法之所以能如此普及,关键在于它们的清晰与亲切,对于具有不同文化背景与佛教传承的人来说,皆可适用。很幸运地,其中一些开示通过翻译得以在本书中呈现出来。他的弟子们习惯昵称他为"隆波"[泰语 *Luang Por*,即尊贵的父亲]。他不只依照传统的方式讲解佛法,还广泛引用比喻与寓言,经常举听众熟悉的动物、树木与日常生活为例。他的态度亲切而幽默,但是深度却绝不打折。"深入浅出"或许是大家耳熟能详的成语,但却能极贴切地表达阿姜查的教学。

阿姜查的资深西方弟子阿姜苏美多[*Ajahn Sumedho*]指

出,在经历过25年的教学与训练过程之后,阿姜查不但能让完全不识字的农夫了解佛法,也能回答泰国上流人士的请教。此外,他还能吸引并训练生性好疑的西方人,其中有些人一待就是10年以上,至今仍然持续过着出家的生活。

修行的信念

阿姜查经常鼓励人们超越自我设限。在他的寺院里,修行没有一成不变的法则。他有时候会讲述自身的修行困境,以及他如何面对、解决与自我策励的过程,以砥砺弟子:

在投入修行之前,我问自己:"佛陀的教法就在眼前,适合每一个人,但是为什么只有少数人能依教奉行,而其他人则不能呢?或者,有些人只有三分钟热度,然后很快就放弃了;或者,有些人虽未放弃,但是却心猿意马,无法全心投入,为什么会这样呢?"

因此,我下定决心:"好!……我将终其一生,全心全意,彻底遵从佛陀的教诲,于此生达到觉悟。……因为,若不如此,我终将在苦海中沉沦。无论需要承受多少苦难,我都要放下万缘,精进用功,永不懈怠;否则,疑惑将一直纠缠着我。"

如此思维[1]之后,我便放手修行,无论多么困难,依然勇往直前。我将一生看成一天,不敢懈怠。"我将谨遵佛陀教诲，依循佛法，觉悟世间之苦。"我希望觉悟，希望看见实相，因此我积极修行。

对于弟子们的缺失，他则抱持容忍的态度，总是希望他们尽力去做。目标很单纯，就是逃离恶魔[2][Māra]的纠缠，以免被困在三界苦海中。他并不认为这件事情可以轻易达成——"如果修行这么简单，大家早就去做了。"他经常这么说——不过，它确实是生命中唯一值得做的事。

世俗生活充满忙碌、纷扰与诱惑，人们总是无止境地追求欢乐，避免让自己无聊。但是一颗纷乱的心，很容易疲累厌倦。当一个人决心投入修行时，他就已经迈向解脱的第一步，摆脱现存的困境。这样的过程，刚开始或许会让人感到痛苦与挫折，因为日积月累养成的习气、欲念与恐惧，会阻碍心灵成长。阿姜查指出，有些人将出家的生活想象成是一种解放，但是真正出家后，初次面对自己而无处可隐藏时，

注释：

[1] 思维：意指人类特有的精神活动，将外在所得的表象、概念经由分析、综合、判断、推理等步骤的认识活动的过程。学习佛法的顺序即从听闻佛法，进而思维法义，明白其要旨，随后依之进修。

[2] 恶魔[Māra]：指障碍佛道之恶神的总称，包括蕴魔、死魔、烦恼魔与天魔。其中蕴魔指色等五蕴，能生种种之苦恼，故名魔；死魔则因死能断人之命根，故名魔；烦恼魔谓贪等烦恼，能恼害身心，故名魔；天魔，欲界第六天之魔王，能害人之善事，故名魔。见《智度论》五，义林章六。

才发觉像是卷入一场风暴中。

阿姜查经常提到散漫，即对于生活漫不经心、毫无警觉，它总是伴随舒适而来。除非人们远离享受，否则他们很难避免散漫。舒服的生活会麻痹内心，他以泰国稍早的简单生活为例："过去，当这个国家尚未开发时，人们都将厕所建在屋外，通常位于林边，如厕时必须先走一段路。但是现在厕所都建于屋内，都市里的人甚至将它们摆在睡觉的地方。"这样的想法冲击着他，令他觉得荒谬，他笑着说："将厕所盖在卧室内，人们认为这样会让生活更加舒适，事实上却不尽然，这样做只会增添人们懒惰的习惯……"

不过，他的训练方式也不是一味保守，当他看见弟子们陷入机械化的操作时，就会提出纠正。他对于佛法的要点绝不模棱两可。佛陀在经历过无效的苦行后，明白解脱乃存在于内心，身体不过是个皮囊而已，无法觉悟。不过，身体并不邪恶，不会妨碍心灵的发展，因此无须加以折磨与虐待。过度苦行与追求感官欲乐一样，都是偏差的行为。苦行的重点应该放在简朴与离染上，而非自虐。他所说的"摧毁你的身体"或"摧毁世间"并不是字面上自杀或制造核武的意思，而是一种禅话，是阿姜查活泼的教学方式，其目的在摧毁人们对这些事物的执著。

有一晚，一位由信众出家的新戒比丘，前来参加雨安居［rains retreat］，在欢迎他的非正式闲谈中，阿姜查寓意深远地谈到自己的回忆与观察。他提起自己的头陀［tudong］苦行，他曾经以徒步的方式，四处寻找森林与山中的隐居处，参访明师。"有时候，我一天可以走上40公里，不是因为我很强壮，而是有了精神上的动力，即使士兵也不可能有这样的脚程。……有几天，我托钵只能得到些许米饭，看着吃饭时的心很有趣，当时心里想着：'还好这些不是盐巴！'谁能想象得到，即使只是吃着米饭，智慧也能增长？"

阿姜查不怕挑战自己修行的极限，他视它们为宝贵的经验。他有时候会将人逼到极限，然后令他超越。这样的方法并不好受，但是人们却可以借此看清心的黏着与限制，并且认清痛苦其实是源自于心的执著与偏见。

他并不鼓励绝食、禁语或与世隔离，他说："我们应该睁开眼睛修行，如果隔绝外界接触可以让人觉悟，则盲人与聋人早就觉悟了。"智慧应该在感官接触中寻获，世间是通过认知而超越，而非逃避。在规律的生活中与人互动，日复一日，是其寺院的生活方式。如此既可以发现自身的习气，又可以观察到痛苦产生的方式。他经常说："如果那里又热又麻烦，那就对了，那里就是修行的好地方。"

教导佛法

阿姜查对弟子的指导无微不至，但是他不会经常查探他们的进度。他请他们建立自信，重点在于观心，以及对禅定过程抱持"不执著也不怀疑"的态度。他经常告诉僧众，他能做的，只是为他们提供一个适合修行的环境而已。他说："就像为牛儿提供牧草一样，如果牧场里牧草鲜美，又有围篱保护，牛儿就可以在那里安心吃草。如果它们是牛，它们就会吃；如果它们不吃，那它们一定不是牛，也许是猪或狗！……"

他的禅定教学通常都很简单。一般来说，他不会单独教导止与观，正念与观几乎贯穿他的教学，在不同的修行层次中被一再提起。此外，诸如念死[3]与慈[4] [metta] 等禅法，他不会正式有系统地教导，而是把它们当成修行的基本心态。他的禅法直指人心，令人印象深刻。1979年访问美国时，他提出面对刽子手的思维主题："想象你去找一位预言精准的命相师，他告诉你：'七天之内你一定会死。' 你还能睡得着吗？你一定会放下所有事情，日夜禅修。事实上，我们的命运正是如此，我们每一刻都面对着刽子手的威胁。"他为听众出了一个"功课"，即每天至少思维死亡三次。

注释：

[3] 念死：指人于一切时中常念其身必有死而不放逸于修道也。

[4] 慈：指慈心观，即在禅观之中向一切有情散播慈爱。（一）愿此善者得以脱离厄难；（二）愿他得以脱离内心的痛苦；（三）愿他得以脱离身体上的痛苦；（四）愿他愉快地自珍自重。

思维教导

本书的结构是遵循阿姜查常说的一段话:

起初人们先闻法,但是还不懂得思维;接着他开始思维,但是不会修行;修行后,尚未见到法的实相;见法后,则依然未能证入。

除非证入法,否则人们无法脱离苦海,也无法完全了解自身的潜能。如今我们正站在佛教传入西方的一个里程碑上,许多人都已经虔修佛法数十年了,应该不难理解这段话的意思。阿姜查将修行视为一种生活方式,而非只是练习或仪式而已,目标[虽然他很少提及目标或成就]则不外乎解脱痛苦——那是一种清明与寂灭的状态,从此心将不再受内外事件的影响。阅读法语时最好能将这些观念牢记在心,因为它们是修行的根本,会一再出现;由出现的频率之高,就可以知道它们有多么重要。阿姜查总是建议他的听众,不要轻易相信或否定他的话,而是应该亲自检视这些教法是否符合他们自身的经验。

阿姜查主要是比丘与尼众的老师,这些学生都已经舍离世俗的羁绊,追求出家的生活。虽然他不认为修行一定非得出家不可,但是他确实颂扬持净戒与简朴的好处。在寺院里生活,遵循经典的教诫,人们可以因此而远离世间法的戕害。这是一个理想的社会，奠基于互助、互享与互敬之上。由于少欲知足，因此无须贪求与争执。"法是用来生活的"，这样的观念充分反映在泰国的修行词汇中。如此生活数年后，将可养成专注、自制与无私的习惯，为行者带来意想不到的喜悦。

有时候，阿姜查在谈论散漫或断恶的时候，会给西方人一种道德家的印象。佛陀认为恶即害人与害己的行为，并称散漫为灭亡之路。集中注意力于独处或与他人共处的一切生活细节，将有助于调整心性，为禅修奠定坚实的基础。谈论善恶可能会令人觉得厌烦——基于过去主日学校课程的老印象——不过它仍然有其不容磨灭的价值。阿姜查不断重复道德行为的重要，其目的在于创造一颗宽松的心，与一个和谐的生活环境，而非由于害怕恫吓与惩罚。在他的所有教学里，伦理与道德皆有其实际的作用，他不要人们迷信与盲从。虽然他也谈到超越善恶的必要性，但是在一切佛教的教派中，持戒行善，绝对有其必要。不只是在最初的时候，它几乎贯穿整条解脱道。

有时候，他似乎是针对泰国的人民与文化习俗而说，例如谈到受戒、闻法、供养，以及其他特殊的民俗传统时。这其实并不难理解，类似的情况也出现在西方的犹太基督宗教体系。有些做法对于体系内的人来说可能觉得理所当然，但是对于其他人来说，就会有些格格不入了。

如同佛陀的原始教导一样，阿姜查的话语也经常一再重复。根本的法则绝对不容轻忽，尤其是在珍贵的佛法与世俗根深蒂固的思考习惯相抵触时，更需要一再被提醒。再一次，我们可以问问自己，我们真的了解吗？这些看似简单的观念，我们又做到了多少？

阿姜查可以说是泰国佛教的改革者。就像佛陀一样，他以方言教学，挑战当时迂腐的传统。他喜欢引用狗、杧果、鸡、稻田与水牛等例子，来说明他所领会的经典术语。他一向主张，教导者必须知道哪些内容最适合听者，并且认为，教授佛法是帮助人们见道的善巧方便[5]。此外，他坚决反对危害泰国两大教派[6]关系的宗派主义。

教导的架构

虽然本书依据主题区分成数章，但是其中的教导本身是很难如此硬性划分的，里面的主旨时有重叠。除非教导禅法，或对僧众解释僧规，否则阿姜查通常不会将教学限定在单一的主题上。

注释：

[5] 善巧方便：指顺应机宜，善良巧妙地依听者的需要开示佛法。
[6] 泰国两大教派为"法宗派"[Thammayut]和"大宗派"[Mahanikai]。"法宗派"意指奉行"法"的宗派，重视学识与戒律。"大宗派"为重视传统、禅修与佛教常规及习俗的宗派。

他的教学经常回归无常、去执、持戒、中道与放松等主题。偶尔，阿姜查会将目光放在彼岸或解脱者的经验上，不过，多半是为了处理我们所面对的问题，或说明佛陀的主张。他以盲人推敲颜色为例，说明佛陀对涅槃的看法：当时的人埋怨世尊，怀疑他是否对涅槃所知不多，否则为何不详加描述？阿姜查经常引用巴利语"paccattam"来作说明，即修行的结果只能各自体会，无法言传，如人饮水，冷暖自知。

阿姜查偶尔会谈到有关不生不灭的自性或本心的问题，他的态度颇为保守。当他听到从英语粗略译成泰语的《心经》时表示：此经谈论的是超越世俗名言［译者按：名称与语言，即世俗谛］的深奥智慧，但这并不表示我们可以摒弃世俗名言；没有世俗名言的话，我们如何教学、沟通或解释事情呢？他关切的是训练过程，而非结果；重点在于帮助众生清除障碍，以便让他们看得更清楚。我们应该尽量救治盲人的眼疾，而非只是告诉他颜色。佛陀说："我只教导两件事，即苦与苦的止息。"不需要一直描述涅槃。

正见不断被重复提起，阿姜查称它为解脱道的基础，伴随正见而来的是戒［sīla］。八正道的第一支便是正见，它涵盖知解与经验两个层面，也被称为智慧。简而言之，阿姜查认为正见即明白因果，不执著事物为安稳、确定与永恒，视一切因缘法［世间事物］皆具有苦的本质，并且不相信自我的存在。就经验层面而言，正见意指人们不随内外环境的变化而起伏，如实观察一切现象，因此能够灭苦。灭苦不是一片空白，而是一种寂静、光明与喜悦的状态——这也是多数人在阿姜查身上惊奇的发现。当我们阅读他对智慧与超越苦乐的寂灭状态的开示时，要将这点牢记在心。显然解脱必有妙乐，绝非世俗经验可以比拟，那是迷惑与追求欲染的心无法想象的。

虽然正见名为八正道之首，但是在正确的修行中，它应该是贯通其余各支。它存在于闻、思、修、见、证的每一个过程中，并且会不断辗转增长。阐述正见的另一个方式，是离两端的"中道"，这也是佛法中常见的主题。

佛陀初转法轮时，即提出中道的原则，强调修行应该避开纵欲与自虐两种极端。阿姜查对此作了广义的诠释，包括掉举与昏沉，以及快乐与哀伤等都属于两端。所谓的自虐不必然是指睡钉床或鞭笞自身等无谓的苦行，举凡非必要加诸自身的痛苦都算，包括内疚与压抑等。同理，所谓的纵欲也不一定是指疲于奔命的逐欲者，它们也可能是经验中暧昧的情绪。中道的见解能够帮助我们淡然处世，所谓的淡然不是厌倦、冷漠或反感，而是回避没有结果与没有意义的痛苦。此外，它也能帮助我们去除执著。通过中道，人们可以转而寻求值得信赖与有意义的事物，能够自制与正念地生活，得到自在与解脱，回到平静与喜悦的自然状态。

明白因果，了解何者应为，何者不应为，牵涉到佛法另一个重要的主题——"戒禁取"[7][sīabbataparāmāsa]，即采取错误的戒律与禁制。它是须陀洹[sotāpanna, 意译为入流，即初果］应该断除的三结之一，其余二结分别为"疑"与"身见"。结，即烦恼，众生由此烦恼结缚，不能出离生死。虽然上座部[8]佛教向来以修行单纯著称，不过在其传统形式中仍有不少的仪式。有些人便认为，持戒或坐禅也是某种形式的仪式。但是斟酌阿姜查对"戒禁取"的诠释，此处将它解读成执迷于仪式、仪轨，或任何灵修的习俗。抱持"戒禁取见"者相信，某些行为与做法本身就能带来利益，从有益健康到促进禅定与觉悟不等，完全无须了解其中的原因，或改变以往的习惯。这些行为包括供养、参与皈依与受戒的仪式，或遵守某些生活与禅修的规定等。阿姜查经常提到一些他早年的烦恼与错误的态度，他举他的老师阿姜钦纳瑞［Ajahn Kinnaree］为例："仅只是坐着，缝衣服，他所达到的境界，也远高于我修习好久的禅定［samādhi，音译为三摩地，即三昧］。如果我坐一整夜，那意味着我痛苦了一整夜……我看着他经行，有时候他只走几步就累了，需要坐下来休息，但是他所获得的利益，远甚于我走了好几个小时。"

注释：

[7] 戒禁取：指相信与离苦不相干的信仰、宗教教训。或持某种禁戒为生天之因或涅槃之道，如持牛戒者，代牛耕田，死后能生天之类。凡执取此种见解者，皆名戒禁取。

[8] 上座部：为南传佛教之分支。在佛陀逝世百年之后，佛教内部由于对戒律和教义看法的不同，开始分裂，先后形成了许多部派。最初分裂为上座部和大众部，被称为根本二部，以后又从这两个根本部中分裂为十八部或二十部，称为枝末部派。

阿姜查也常提到"疑",意指一个人思虑不清,因而偏离解脱道。它有好几种表现的方式,其中有些非常微细,包括对于教法、自己的能力、师长与同修,以及修行方法等的怀疑。阿姜查一再指出,"疑"是如何障碍一个人修行,并让人陷入世智辩聪的陷阱。至于对治的方法则是直接观照经验,包括"疑"本身的经验在内。

翻译与术语

本书中经常可以看到风格与语气上的差异,撇开译者的能力有限不谈,有好几个原因。首先,其中使用了两种语言。在阿姜查生活与建寺的泰国东北,所使用的语言是依桑[Isan]方言,近似老挝[Lao]语。之后有许多人,包括一些曾经在泰国中部学习的西方人,都来向他学习,于是他开始使用较多的泰语教学。老挝语一般说来较为乡土化,比较不正式,比泰语更具亲和力——在阿姜查身上尤其如此,因为那是他的母语。在对熟识的人谈话时,他的语言较不正式且率直,有时甚至会出现呵斥的语气;在对来自泰国与世界各地各行各业的人谈话时,他多半使用泰语。有时候,在对来自曼谷的中产阶级人士谈话时,他会使用简单的语言,有点慢,像个小学老师;有时候,在教导年轻的外国人时,他像个祖父;有时候,则很轻松与幽默。他教导的对象以出家人为主,不过对于在家人他也给了不少指导。

至于哪一种声音才是"真实的"阿姜查，见过他的人没有人敢妄加论断。他是一个超级演员，以慈悲、智慧与无尽的善巧方便，回应外界的各种情况。面对众生，他扮演了许多"角色"。他可以和蔼可亲、激励人心，或令人感到害怕，也可以表现出圆融的幽默性格，掌握精准的时机，令人哑口无言、瞬间领悟。在资深弟子早年的记忆中，很难拼凑出阿姜查晚年给予新进弟子的印象。资深弟子们对他的描述是强硬而冷酷，甚至有些凶猛，是一个神秘人物，同时也是神秘力量的掌握者。无论他是个怎样的人，最重要的是大家都从他长年的教学中感受到大爱。

那些曾经学习过佛教其他宗派，甚至其他上座部教法的人，可能会发现，阿姜查所使用的佛教术语，并不完全合乎传统的诠释。他的教学和多数泰国禅师一样，大都是非学术性与非正式的。他并非根据经书教学，而是运用善巧方便，伺机点出正道的方向，避免学生偏离修行的正轨。因此，如果只是根据字面上的意义去解释，就很可能会产生误解。他有时以五蕴，即色、受、想、行、识等经典术语，来解释心；有时则只提受与想。后者也经常被拿来描述一个人基本的生命观或世界观。他经常提到"觉知者"［the one who knows］，一个泰国佛教里常见的主题，有时只是单纯指心本身，即同时具有烦恼与智慧潜力的觉心；有时则指已经觉醒的觉知［awakened knowing］，甚至佛性［Buddha nature，一个上座部佛教很少触及的概念］。

也有些从巴利语衍生出来的泰国佛教术语，它们的意义与重要性均不若相对应于大乘的梵文术语。阿姜查经常非正式与弹性地使用这些术语，它们在大乘中一直都有特殊的意义。泰语中经常出现源自佛教的语言，往往具有独特的地方风味。

一个典型的例子即泰语中的 "*tammadah*"，它是从梵文 "*dharmatā*" 演变而来，原来意指一切现象之真实体性，通常翻译成"法性"或"法尔自然"。在泰语中，它只是作为"平常"的意思，阿姜查经常将它与 "*tammachaht*"〔"自然"或"自然的"〕连用。自然并不只是指物质环境而言，所谓的"我们不应该尝试改变自然"，并不是说我们不能拔除杂草，或建设灌溉系统；而是说我们不应该抗拒因果，做出无谓的举动。泰语听者通常会从世俗的角度去看待自然与平常，但是阿姜查会将它们导向"法尔自然"的解释。

将巴利语翻译成泰语的过程中，经常得使用多重解释来传达原文丰富的意涵。"*anicca*" 通常被译成"无常"，但是阿姜查经常以"存在的不确定性"来说明它。"*dukkha*" 则被翻译成"苦"或"不圆满"。三法印中的第三支，即内观无自我或本体存在的意思，也有多种翻译，包括"无我"、"非我"，或"无自性"等。阿姜查有时使用巴利语 "*anatta*"，有时则使用泰语来表示，因此，配合上下文意，以不同的英语加以表现，应该较为恰当。

对于某些佛教术语，有些人习惯根据所学的传统，使用一些特定的翻译。例如，巴利文"kilesa"〔梵文 kleśa，烦恼〕在上座部文献中经常被翻译成"defilement"〔染污或杂染〕，其本意为玷污心的原始清净者。不过，这个译词在现代英语中难免给人说教的感觉。在藏传佛教的书籍中，它通常被翻译成"mental afflictions"〔内心的烦恼或苦恼〕、"emotional afflictions"〔情绪上的烦恼〕，或"conflicting emotions"〔烦乱的情绪〕。这些不同的词语，传达的不外乎造成心情苦恼的因素。不过，他们偶尔也会使用"染污"一词。

书中的泰语、老挝语与巴利语，都已经尽可能翻译成英语。尚未被翻译的则置于书末的词汇表中，表中还包括一些比较晦涩的佛教术语。

接续传承

虽然阿姜查居住在泰国人迹罕至的穷乡僻壤，不过从20世纪60年代末后，就不断有西方的求道者寻迹而至。他们来到他的寺里，并且在他的指导之下，一待就是好几年。这个"看起来像牛蛙而不像圣者的大肚和尚"[9]，具有奇特的

注释：

[9] 引自史蒂芬·贝确勒〔Stephen Batchelor〕著《一个泰国森林传统在英国的成长》〔A Thai Forest Tradition Grows in England〕，《三轮》〔Tricycle〕夏季号，1994。

吸引力，以及超越文化障碍与社会阶层的传道能力。长期以来，他感动了许多心灵，帮助许多人进步与成长。

在泰国，你会惊讶地发现，只要阿姜查到访的地方，无论是多么遥远的寺院，都有人群蜂拥而至。看着许多成年人，像小孩子一样从村里跑出来迎接他的车子，还一边欢欣鼓舞地叫着"隆波"，是一个令人难忘的场景。无论身在何处，他都是人们皈依的对象，每一个人都能从他身上得到答案。他充满活力与喜悦的样子，带给人们绝对的信任与安全感。

今日在西方，有许多属于其法脉的僧团，包括一群有机会跟随阿姜查生活与学习的比丘。此外，还有许多还俗的比丘、比丘尼，以及在家弟子，也都曾经向他学习过。在好几次访问的过程中，我们被人们对他的敬爱与感激所震撼。从如此简单的陈述："隆波很棒，不是吗？"或者，"他是我见过最了不起的人……也是泰国所曾出现的最伟大的人。"即可得知他对人们的影响有多深。

不过这绝非盲目的个人崇拜。他总是小心翼翼地防止弟子们对他过度依赖，必要时他也会让弟子们尝点苦头，以使他们跳脱出来。如同他经常强调的，佛陀从不夸赞那些盲目信仰者，他希望他们能通过自身的努力，去发现实相。

对阿姜查的回忆及其教学的注解，足以写上一整本书。因此，最好就此打住，让教法本身自己说话吧！

[英译者简介]

保罗·布里特，1948年出生于美国纽约市布鲁克林区，1970年旅行至泰国时出家。不久之后，他遇见阿姜查并成为他的弟子。布里特通晓泰语与依桑方言，负责担任阿姜查指导西方学生的翻译。他保存有对于阿姜查开示法语的记录，其中有些被集结成册，包括与杰克·康菲尔德共同出版的《宁静的森林水池》[A Still Forest Pool, Quest Books, 1985]。他还翻译了一本《戒律之门》[Vinayamukha, Mahamakuta Royal Academy, 1983]。阿姜查于1979年时访问美国，布里特陪他旅行并担任翻译。之后他出版了一本传记，记录了他跟随阿姜查学习的一些故事，那本书名为《尊贵的父亲——与阿姜查共处的岁月》[Venerable Father: A Life with Ajahn Chah, 自行出版, 1993; 曼谷佛法基金会, 1994]。

1977年脱下僧袍后，布里特回到美国继续跟随日本曹洞宗的千野禅师 [Roshi Kobun Chino Otogawa]，以及西藏佛教宁玛派的贡波·赞丹 [Gonpo Tsedan] 修学佛法。他现在任职于美国邮政总局。

英文版致谢

首先，非常感谢阿姜查［Ajahn Chah］的僧团弟子，尤其是长老会议，能够同意我们翻译、出版，并公开行销此书。长久以来，佛书在泰国皆是免费流通，此次之所以能获准出版，无非是希望能让更多读者受益。多亏拿那恰寺［Bun Wai International Forest Monastery, Wat Nanachat］的阿姜贾雅沙罗［Ajahn Jayasaro］努力向长老们说明，才得以促成此事，而建议翻译此书的则是空格力特［Kongrit］比丘。

位于加州红树林谷无畏山［Abhayagiri］寺的阿姜帕萨诺［Ajahn Pasanno］，协助解决词汇问题，他经常只能依据录音带，不厌其烦地逐行检视译句。他与阿姜阿玛洛［Ajahn Amaro］，和阿姜贾雅沙罗与杰克·康菲尔德［Jack Kornfield］

一样，都提供了宝贵的编辑意见。帕苏克［Pasukho］比丘协助解决难解的老挝语句子。本书内容大多由泰国乌汶省［Ubonrachathani］的派布恩·钟书瓦［Paiboon Jongsuwat］先生所收集与整理，这些录音带都是上世纪60年代末到80年代初的谈话。在热带地区能够保存得如此完整，也算得上是一个奇迹。

第三章中的"寂灭之道"，是撷取自《寂灭之道》［The Path to Peace］一书，由拿那恰寺的僧众翻译出版。

在此要特别感谢香巴拉［Shambhala］出版社的彼得·特纳［Peter Turner］，此书的创意即源自于他，他以无比的耐心成就此事，并以社长的身份承担重任。此外，要感谢我的妻子莉莉［Lili］，她让我无后顾之忧，可以专心投入工作。

导 论　进入法的道路

让我们一起秉持正见修行，

不再退转。

就像水滴进入水流一样，

让心倾向趋入于法。

佛陀说："见到空性者，死神将无迹可循。"当一个觉者去世时，接下来会发生什么事？只有四大元素瓦解而已，没有个人或自我，因此怎么会有死亡与再生呢？只有地、水、火、风消散罢了，死神只能追踪到这四大元素，而找不到个人。同样地，如果"你"始终在寻找问题的答案，那就一直都会有问题，因为有个"你"的缘故。当个人不存在时，问题就不存在。没有必要寻找答案，因为根本没有问题需要解决，也没有一个人可以解决。但是，如果"你"相信自己死了，"你"就会再生。

今天所说的法只适合心智成熟者，当那些心智尚未成熟者听到没有自我，或当他们听到包括身体在内，没有东西是属于他们的时，会觉得可笑："难道我可以将刀刺进肉里吗？难道我可以打碎一切杯盘，因为它们都不是属于我的？"绝非如此。只因为内心已经被扭曲，才会有如此荒谬的想法。

我们如何能让心贴近与进入法呢？须陀洹（sotāpanna，入流者）的心，已经进入涅槃之流，不会再退转。即使他们还有嗔念，但是已经不会再重回痛苦与执著的轮回；即使内心还有贪欲，他们也不会退转，因为如实认知的缘故。

须陀洹已经进入并看见法，但是尚未证入。当贪心与嗔心生起时，他虽然知道，却还是会受影响。因为他虽然知道并看见法，但是还没有证入，他的心还没能成为法。因此，他或许已经闻法、思法、修法与见法，但是还没能完全与法合一。所有众生皆可证入法，那样的境界是完全清净的。

笼中鸟之苦

我们都像是笼中鸟，无论笼子里的环境有多好，鸟儿还是不自在。它总是不断跳跃，希望能够获得自由。即使是被关在金笼子里的鸽子也一样，无论受到多么优渥的待遇，它们还是想飞出去。

一路从闻法到见法的过程，你都还有苦的感受。除非证入法，否则你永远无法摆脱苦，仍将受制于各种外在因素，包括欢乐、名声、财富与物质等。或许你拥有各种知识，但是它们都受到世俗的污染，无法将你从痛苦中解脱出来。你仍然像只笼中鸟。

正确的修法来自好的老师，而他也是学自另一位老师，它就是这样代代传承下来的。事实上，实相并不从属于任何人。如果只是因为尊敬老师，所以我们就凡事都顺从他，这并不如法。如果只是因为老师在一旁盯着，所以我们才修行，把它看成一项义务；那么当他不在时，我们就松懈了。

这就像是在工厂里，我们是为了老板而工作，而事实上我们并不喜欢这项差事，一切都只是为了钱。所以，我们会尽量找机会偷懒。这是一般人工作的态度。尊敬与顺从老师是修法的一个基础，然后我们应该要问问自己："我何时才能看见实相？"

指南针永指南方

佛陀的教学重点在于厘清事实，帮助人们认识自己，进入圣道之流。当我们看见自己的本来面目时，我们就见到了法与见到了佛，从此进入圣道之流。

我常说："见法之后，你将无法说谎与偷窃。"过去，我们会认为说谎与做坏事可以不让人知道；但是，当你进入圣道之流后，你将发现，无论身在何处，做坏事不让人知道是不可能的。认为可以不让人知道，是一种无知的想法。无论是处于人群之中，或是独自一人，或是住在水里或天上，做坏事而不让人知道是不可能的。当你明白这个事实，你就入流了。

尚未入流时，你认为做坏事可以不让人知道，但那只是欺骗自己；凡是见到法者，无论在何种情况之下，都绝对不会欺骗与伤害他人。佛陀曾说："如果有人看见它就是我自己，就是见到了法。"除非亲见自己的本来面目，否则一切皆非佛法，都不是佛陀的本意。看见自己的本来面目后，你将无法说谎与做坏事。你所有的修行都将是正确与直接的，就像指南针一样，永远指着南方。

有了指南针，当你进入丛林时，永远都会知道正确的方向。或许你以为自己正朝东走，但是指南针却会显示其实你正向南走，然后你便了解："哦！我错了，我以为自己正向东走。"指南针永远指向正确的方向，因此，你可以不必再依赖自己的猜想。有了指南针，不论身在何处，你都有办法找到方向。我们的想法或许会引我们到别处，但是别怕，我们有指南针。放下猜想与感受，因为我们知道，它们只会让我们迷失方向。

依佛陀的方式修行

人的本性似乎乐于犯错，虽然我们并不喜欢那样的结果，但是却沉迷于这样的行为。我们不喜欢扭曲的结果，但是我们却喜欢错误的行为模式。这绝非正见。事情不会突然出现，事出一定有因，不可能有果而无因。我们希望做很少的事，却领很多的钱；我们希望不用苦修，就能悟道；我们希望不用学习，就能拥有知识；我们希望不用努力，就能通过考试。所以我们去向隆波乞求圣水加持，这样做有什么意义呢？那个水有什么作用？我们需要的是努力工作，精进修行，用功读书。但是人们就是喜欢那一套。他们或许能从老和尚洒的圣水中得到一点灵感，但是用俗谚来说，那叫连法的边也摸不到。

修行一定要有因果的观念。那些在自己身上下工夫的人，一定可以找到答案，获得解脱。就像指南针一样，我们以为自己正向东走，但是指南针会指引给我们正确的方向。这就是法的本质，我们称它为"真实法"（sacca dhamma）或"实相"。

因此，按照佛陀的方式修行，绝对不会出错。因没有错，果也不会错。

无论正见或邪见，它们都是你的修行根本。只有这两条路。不过，当你持有邪见时，你不会觉得有什么不对，甚至你会认为那是正确与好的。你既然受到遮蔽，看不见事实，当然就会出错。

贯彻简单原则

对于真实法而言，其实无须学太多，只须贯彻一些简单的原则而已。对象都是现成的，我们只需要实际去修，累积直接的经验即可。所须学习的，只是知道要修些什么，以及如何修：我们应该如此了解，如此修行，然后如此勇往直前……就是这样而已。

对于教法而言，诠释与教导是同一回事。我们举杧果为例：杧果的一切阶段与特性，例如酸甜与大小等，都可从一颗杧果推知；只要研究一颗，就可以知道所有杧果的情况。

不过，每个人适合的禅修都不一样，有些人需要多一点研究，如果不研究，他们就无法了解。当我们说有人无须做研究时，其实他们也在研究，他们是直接从修行中去学习。有这两种方式，我们可以按部就班进行研究，或者我们可以从修行的经验中去学习。

错过无常

我们可以从观察事物明显的外观与实际状况，例如头发、指甲、牙齿与皮肤等，去了解它们本质上都是不稳定的、不可信赖的与不净的。这是一种方式。如果我们加以研究，就能严肃地看待与认识它们，了解实相。虽然我们可能读到关于头发、指甲与皮肤等不净的文字，却仍然觉得它们美丽，并受到吸引，因为我们没有看见隐含的实相。实相从未改变，五蕴与四大不断生灭变化。情况就是如此，它们一直都是不净、不确定、无常、苦与无我的，这是它们的本质。

我们读到"诸色无常，诸受无常，诸想无常，诸行无常，以及诸识无常"的文字，从某个角度来说，可以说我们已经知道了，这确实是一种知识。但是面对实际情况时，我们就无法确定了。当时间一到，色法呈现衰颓时，我们可能茫然无措，什么都忘了；当我们生病，身体受到剧苦时，我们变得沮丧，频频怨天尤人。其实，无常一直都在。我们通过读诵"诸色无常，诸受无常……"所得到的知识，在实际状况发生时受到考验，则变得模糊不清。我们从经典文字中，只能得到一些概念，虽然我们的唱诵悦耳动听，但是却可能正错过"无常"。

有些人尝试作身体的不净观，以体会欲望的无常。不过，当他们说"肝、肠、胃"时,却想起先前曾经吃过的鸡肝、鸡肾、猪肠或任何器官,并感到饥肠辘辘。没有下过苦功,是不可能有深刻体会的。

事实上,实相始终完整地存在于这些事物中,不需要刻意营造。佛陀强调禅修,只要静下来修禅,就可以看见实相。禅修的巴利文是"bhāvanā",意思是让事物实现:未实现者,令它实现;未存在者,使其存在。

不要再等了

无论你身在何处,或境遇如何,都可以修行。趁着年轻,还有很多事情可以做,不要等老了才去做。现在大家都在想:"等我老了,便会开始去寺庙,并花些时间在法上。现在我不能这么做,还有更重要的事在等着我。因此,修行的事就等到老年再说吧!"他们将问题留待老年时才解决。

我真的不知道老年有多伟大。你们的生活中有老人吗?他们是什么样子?他们能跟你赛跑吗?他们的牙齿动摇,视力模糊,听力也逐渐丧失,起身与坐下时都会发出呻吟。然而当我们年轻时却想着:"等我老了,我就会去做。"我们可能天真地认为,到了老年我们仍然健壮,充满精力。村里的老钦恩(Kiem)先生,年轻时总是拖着一大块木板到处走,现在则只能依靠拐杖走路。生命就是这么一回事,请不要再持有这种荒谬的想法。

趁我们还活着,让我们多关心自己的心。凡是错误与恶的,让我们尽量避开;凡是善的,让我们尽力去做。就是这样而已,这些事情每个人都可以做得到,不需要留待老年。嘿!你们都看过老人,不是吗?他们的感官退化,行动迟缓,难道你们不知道吗?但是,即使如此,你们仍然关闭眼睛与耳朵说："让我先完成这项工作，或让我先做那件事，等到我老了，就会上寺庙修行。"你知道吗？等你老了，你可能坐也坐不久，听也听不清楚，想也想不通了。所以，请勿拖延，应该稳定与持续地修行。青春一去不复返，岁月不饶人啊！

出生后就一直在变老

你可能觉得自己还年轻，事实上，从出生以后，你就一直在变老。变老的过程从母亲的子宫内就开始了，胎儿的后一刻比前一刻老，接着婴儿便诞生了。如果没有变老，你就不会出生，只能停留在子宫中。之后，你慢慢长大，从婴儿到幼童到成人，你愈来愈老。一旦了解这点，当然可以说你已经老了。你不觉得老，代表你还不了解。如果没有变老，你就不可能成为现在的样子。因此最好认为自己已经老了，如此才会有修行的迫切感，最后，才可能解脱。你应该下定决心，从这一刻起开始好好修行，愈早修行，成果就可能会愈大。现在行善，往后就不用再承受苦果，这是一个重要的原则。趁年轻时多修善行，尽量避免造恶，这才是我们应该考量的重点。

如果你认为还有比修行更重要的事必须做，那么修行的时机永远不会到来。

佛教对于行为，要求先做到身业与口业的清净，这就是所谓的"戒"。如果能够保持身业与口业清净，就会有平静的生活，内心也将得以安住。这是最简单的说法。

修行重点在不放逸

什么是平静呢？如果你没有偷东西，就不用担心被警察逮捕，可以很轻松,因为你知道他们要找的人不是你。如果你的心是处在这样的状态,远离焦虑,那么任何想法生起时,你都能够清楚地认出它们。简单地说,这就是戒、定、慧的进程。

大家都知道,修定需要有老师带领,我举我自己的学习经验为例。我们得先找个老师,为他献上香、烛与花,接着开始唱诵,向他行礼、祈求与祝祷:"希望这能够在我身上生效,希望不净的戒都能变净,希望禅定能够在我的心中安住……"之后,我们研究经典,并且完整念诵各个禅支[1],包括各种不同的喜与乐等。然后,我们坐下来,邀请禅定来住。但是它一直都没来,我愈坐愈烦,因为什么事也没发生。因此,我开始想:"唉!这不是正确的方式,如果你邀请戒定慧来,它们就来,那不是太简单了吗?……看来还是得靠自己在心地上下工夫才行。"这是我启蒙的经验,因此我抛弃了过去所学到的僵化模式。

有些修行看起来很简单,有些则很难,但是无论难易,都不要太在意。佛陀说重点在于不放逸,就只是——不放逸。为什么?因为生命是不确定的。当我们认为事情是确定的时候,就忽略了不确定的实相。放逸即是心有所恃,认为事物是确定的,执著无常为常,以及不真实为真实。注意!它们在未来随时可能跳出来咬你一口。

保持中庸之道

因此,无论在处理真或假、善或恶、爱或憎的事物时,都别太在意——重点在于调伏自心,树立正见,使它合乎正道。切莫忘失正念!不要叠床架屋,错上加错,徒增困扰。如果出现挫折或沮丧,知道它是令人不悦的即可,不要让苦凌驾于实相之上。如果你喜欢某样事物,切勿沉迷,可以喜欢,但是不要过度。俗话说:"勿沉醉!"当你遇到不快乐的事时，不要沉醉在沮丧中；当你觉得高兴或喜悦时，也不要沉滞于其中。我们说"勿沉醉"，意思是指不要陷入过量的事物中。应该保持中庸之道，拥有固然好，失去也没什么。如果过度沉迷其中，当失去或遇到挫折时，便会感到痛苦。如果我们紧握着它们不放，便会与实相擦身而过，忘失正念。这不是法，也不是修行者应该做的事。过量，将导致我们偏离中道。

这样的偏离便是邪见，是苦的起因。解说修行，目标在于明白苦灭；根据这样的认知而修行，也只是为了灭苦。如果我们具有这样的见解，便能知道苦与苦的起因，以及苦灭与灭苦之道。这即是所谓的佛教，如此而已。如果我们不了解苦，就很容易偏离中道，陷入痛苦。当我们迷恋某样事物时，往往不知节制，不思索它是否能带来利益，也听不进别人的劝告。没有人能阻止我们，我们恋恋不舍钟爱的事物，对于别人的话完全无动于衷。"没问题啦，我向你保证！"对他来说，只要喜欢就好，完全没有想到日后可能厌倦的情况；等他感到惊讶与挫折时，已经太晚了。

执苦为乐反被咬

因此佛陀希望我们明白：这是苦、苦的起因、苦灭，以及灭苦之道。一切修行都不离这四谛，它们是佛教的精华。法，以最简单的方式来说，即苦的生起与苦的熄灭，除此之外无它。苦生起，然后苦熄灭。

我们为什么会受苦，在生死轮回（saṃsāra）或缘起的世间中迷失？因为我们不知道事物的实相，我们不知道苦。因此，我们执苦为乐，到头来却被反咬一口。例如，一位农夫在田里看见一只眼镜蛇，觉得它很可怜，心想："我们应该对众生慈悲，给它们一些慰藉。"他不知道它的实相,不知道这是一个会引发剧苦的生命。因此他将它抱起来,温柔地靠在自己身上。当这只蛇感到温暖舒适时,它咬了他。这件事情虽然出自善意,但是却缺乏智慧。这是一个会致命的东西,你应该了解这点。这个情况就像我们不了解苦、苦的起因、苦的止息,以及灭苦之道一样。

一切苦与不圆满皆有其原因,因若消失,苦便止息。一切法,无论喜欢与否,皆由因所生。知道这四项——苦、苦的起因、苦灭与灭苦之道——是我们唯一需要的。一切事物皆不离四谛,除此之外,我们不需要其他法。

修行要有清楚的觉知

与外界接触的入口,接收讯息的器官,包括眼、耳、鼻、舌、身、意等六根。当意根清楚觉知经验为苦时,它自然会放开,事实上,放开的速度会很快。

因此修行中的你,应该清楚地觉知。觉知,在你的修行中,有着决定性的意义。许多学术研究,对于这点都有详细的阐述。你们有些人深信经(sūtra)与论(abhidhamma)的研究,它们对心作了广泛的讨论,而你们也都掌握了其中的要义。这应该是一件好事,但是你们可能只迷恋于讨论,却忽略了其中真实的含义,只会说食数宝而已。

一个最简单的例子就是学习算术。有些人需要按部就班学习,只有循序渐进,他们才有办法学会算术。但是有些人则不需要,他们天生就擅长数字,因此不需要学习加减乘除,他们有自己的思维法则,可以直接推算出答案,正确度与辛苦学习运算法的人一样。不同的人有不同的学习方式,殊途而同归。你可以说具有直观能力的人,没有经过标准的学习管道，因此是"非正统"的，但是他们却能得到相同的结果，丝毫无差。他们的知识也同样清晰与有用。

万法存乎一心

你的修行可以不需要很多研究，但是依然能觉知得很好。辟支佛（paccека buddha），或称"独觉"，无师自通，便是很好的例子。他们不会教导别人，但是指导自己却绰绰有余；他们只能自知作证，而无法对别人解释。他们已经达到寂灭与光明的境界，但是却不会教人，就像哑巴一样。哑巴会做梦，在梦中他看见田野、山峦与动物，但是当他醒来时，却无法对别人述说。如果常人梦见蛇，他会告诉别人他所看见的蛇；如果他梦见牛，他会描述所看见的牛。辟支佛就像哑巴一样，梦见东西却无法说明。不过，他们确实已经没有贪、嗔、痴，并且跳脱生死轮回了。他们已经抛弃身上的负担，轻松自在。哑巴和常人一样会做梦，并且拥有同样的知识与经验，差别只在于表达而已。就知识而言，他们是平等的。

万法皆存乎一心，佛陀希望我们向内寻找，找出实相。心才是实相之所在。出现肮脏的东西时，有人只会试着躲避，事实上，重点是如何清除它。当你搓洗它时，你将在先前肮脏的地方看见干净。但是有些人看见污点，却只会逃避，认为干净只存在于别的地方。干净与肮脏是混在一起的。迷惑的众生与觉者，以及觉与不觉，一样是混在一起的。当我们能把它们分开时，我们才能看清楚。

秉持正见修行

审视佛陀的一生，就知道他从来不走捷径。他已经做到了，我们却还遥遥无期。我们的内心刚开始接触事物时，觉得喜欢，但是最后往往演变成感伤，为什么会这样？对于不喜欢的事物，我们可以完全不理睬，却没有丝毫感伤，为什么？这很平常，是一件发生在我们周遭再平常不过的事，因为我们已经偏离中道。

让我们一起秉持正见修行，不再退转。就像水滴进入水流一样，让心倾向趋入于法。若能如此共住，则将鲜少有问题发生。如果我们的心都能趋入于法，彼此之间就能保持和谐，无论别人对我们说什么，我们都不会像常人一样作出反应。我们应该彼此忠实，没有嫉妒与摩擦，这是心趋入于法者的行事方式。这些人从哪里来呢？来自心尚未转向者，或称之为"粗人"。具德的觉者，原本也是粗人，他们同样是人类，关键在于心是否趋入于法。

传统上以四种德行来描述僧伽，或"真实修行的团体"。我即以此四德总结我们的修行：善行道者、质直行者、如理行者，以及和敬行者[2]。

注 释

[1] 四禅定共计十八支：初禅有觉、观、喜、乐、一心等五支；第二禅有内净、喜、乐、一心等四支；第三禅有舍、念、慧（智）、乐、一心等五支；第四禅有不苦不乐、舍、念、一心等四支。

[2] 《杂阿含》第550经云："圣弟子念于僧法：善向、正向、直向、等向，修随顺行。"善向即 supaṭipanna（善行道者），正向即 ujupaṭipanna（质直行者），直向即 ñayapaṭipanna（如理行者），等向即 samīcipaṭipanna（和敬行者）。

第一章

闻法

这个世界上一切事物都是法，
世间并不存在不是法的事物。
可以被讲述与听闻的法，
都不是真正的法。
它们只是指出重点的语言，
以使你能进入与看见。

教导法时，需要不断重复，直到人们真的了解为止。这很平常，是为了让重点被理解的必要做法。

佛陀的话被称为"善语"，因为它善良、如法并充满意义，能引导人心到达实相。当心灵真的接触到它时，人们便会懂得自制，去除贪、嗔、痴三毒，以免伤害自己与他人。

但是有些人听了之后，却斥为无稽之谈，因为那不符合他们的观念与习惯。事实上，符合众生内心的话不一定好。我们的观念有对有错，皆不确定；但是善语则是端正、直接与确定的。善语非关高下，它只是佛陀的语言，目的是为了减少众生的烦恼与痛苦。

善语不会迎合众生的喜好，有的人说："不符合我的话，就不是善语，也不可能是法。"但是，一致的不一定好，不一致的也不一定坏，不能混为一谈。听者习惯性的好恶，只是先入为主的看法与偏见。如果我们希望所有事情都称心如意，那无异于缘木求鱼。我们不想做讨厌的事，只想做喜欢的事，从不考虑它所可能带来的苦患。有毒的食物或许香甜诱人，却可能会致命。

佛陀与其弟子的语言都是善的，都是法。但是如果方法不当，不能让法直达内心，则一般人听到时，可能就无法轻易理解，修行起来也有困难。

语言与法

每一种语言都是帮助我们理解的工具，语言就只是语言。如果有人对我说了一句英语，我完全听不懂，即使它现在很流行，对我来说，依然没有任何价值与意义。无论我们住在哪里，让语言成为帮助我们明辨是非的工具，这样的语言才有用，才是法。

闻法的目的，是为了让心能够见法与证法，而不只是增长知识或记忆。它应该有助于我们追随佛陀的脚步，根据他的教导修行。即使目前无法觉悟，我们仍应该有效地使用与思维语言。

这其实没那么难。例如，佛陀说昏沉与散乱皆非善法。听闻之后，当你发觉它们即将在心中生起时（那是迟早的事），你应该认出它们并如实觉知。如此，你就能将散乱转为精进。昏沉一定从内心生起，当它出现时，对抗、降伏与转化它，让它成为修法的因。

闻法的目的是为了证入法，让法在心中生起；若它尚未生起，我们就要努力令它生起。修行并不困难，我们只需要让心如此专注与运作即可。你应该努力让心证入法，而不只是口头说说而已。

不要让知识停留在你的脑中或嘴边，让身口意三门都能如法运作。

法是什么？

闻法是为了知道如何修法与证法，而法究竟是什么？这个世上一切事物都是法，世间并不存在不是法的事物。我们眼中所见到的形形色色无不是法，一切存在都是法。法的其中一个意义是自然，它只是照本来的样子呈现，没有人可以塑造或改变。现象的本质即是法，这是指物质，即色法而言。

佛陀说见法、入法，意即如实观看一切事物。包括世间与物质等外在现象，以及感受与思想等内在现象，全都是法。法可以区分成两大范畴：可以被眼睛与其他感官认识的物体，以及无法像这样被认识的心。一切事物皆离不开身与心。但是这个法，不能根据我们的意愿而生出，而是由因缘所决定，然后它会变化，最后则会分解与消失。法的力量凌驾于一切事物之上，没有人可以改变。自然法尔如是，根据因缘而生灭。

我们所追求的法——戒律与教导，是帮助我们了解的工具。教导是语言，法并不存在于语言中。语言是一条道路，为人们指出方向，引导心去认识与了解法。因此教导本身并不是法。我们用耳朵听，用舌头说，但是那都不究竟。这些语言与观念都不是法本身。如果它们真的是法，它们应该能超越一切事物独立存在。因此觉悟法，只是努力开发智慧，以便如实看见事物的本质，而非妄加改变或破坏。

因缘所生法

举身体为例，它是由因缘所生。当它出生时，有一个特定的力量或法则，支撑着它的存在，完全不受任何人指使。出生时，我们很小，然后逐渐长大与变老，身体会自然地变化。无论任何人怎么说、怎么想，或怎么希望，它还是会随着时间而成长与变异，哭泣、抱怨或要求都没有用。它随着因缘而出生与发展，最后则瓦解，不听从任何人的希望或命令。这便是生命的本质，由不变异的（缘起）法则现行着。佛陀教导我们深观此点，这非常重要。皮肤、牙齿、头发或其他部位，你能从其中看到什么？无常。它们的出生并非依靠外力，而是根据先前所造的业因与业缘。一旦出生后，就逐步迈向死亡。成、住、异、灭的过程，无须任何人认可或协助，它自然会发生。我们没有任何权力可以主宰它们。这就是色身，它会自然变化与死亡。这就是"实相法"（sabhāvadhamma，或译自性法）。无论在哪一种情况之下，我们都不可能与它争辩，或对它说："嘿！听我说，注意我的要求，不要变老，照着我的话去做。"自然原本就是如此。这就是佛陀所说的法。我们既不是这些事物，也不是它们的主人。

如果我们没有清楚觉知实相，反而还被迷惑，这就称为妄法。我们视这些事物为自我或我的，因此而区分自己与他人，这就是无明。无明生起时，造作之行也将随之而起。我们在事物中挣扎，希望能够控制它们，因此患得与患失，落入好恶的陷阱中——"我喜欢这个，请给我多一点；我讨厌那个，请将它移开；这个应该像这样，那个应该像那样……"这些都是颠倒妄想。你就像是试图侵占他人的屋宅与田地者，取走不属于你的东西。欲望的堆砌永无止境，你不知道它们来自何处，或会将你引向何方。

远离颠倒妄想

可以被讲述与听闻的法，都不是真正的法。它们只是指出重点的语言，以使你能进入与看见。说话以帮助人们了解，是一种"方便"，或是教学的方式。如果只有语言，像鹦鹉学舌一般，而没有真正地看见，则完全没有益处。如果能善用语言，使自己看见实相，了解只有因缘而无自我，那就是佛陀传法的本意。没有见法，就会有苦。如果你真的看见了，就不会再有渴爱，也不会再为世间的事物而欢笑或流泪。

从小我们就无休止地哭泣与欢笑，颠倒妄想，无有了时。我们总是想得到不属于我们的东西，总是贪求一些不切实际的事物，一直生活在无法满足的苦中。如果闻法之后，能够进而让心见法与如法，你就能解脱苦。应该了解，一切事物都不是你所能控制与改变的，法尔如是，自然生灭。无论研究或修行，你应该了解佛陀并未教导人们去改变自然，而是希望我们依据事实，如实观察。如果你希望改变外在事物，那并不如法，也违背自然，那只是人们希望创造与操控的恶习。如果你不能如实观看事物，就无法修行苦、集、灭、道等四谛。

诸行无常

佛陀从来不曾要求闻法者与修行者改变自然，只教导他们觉知与随顺自然。觉知"诸行"（saṅkhāra）无常的实相即是智慧。我们须清楚觉知，一切"行"皆具有生灭的本质。否定生灭无常，即为邪见，是无明的知见，无法灭苦。持邪见者将一直在生死中轮回，不得解脱。

就像昆虫在水桶边缘爬行一样，它们拼命移动，却哪里也去不了，只能一直绕圈。愚痴凡夫的想法也是一样，没有止境，也无法解决，陷入窠臼之中。我们以为自己已经往前走了很远，却不知仍在原地打转，一直回到同样的地方。我们没能跳出内心的轮回，原因在于我们缺乏洞见，误将妄念当成智慧，因此无法看清身边的事物。这不是法。在法中，我们可以通过佛陀的话语，产生洞见。真实的智慧即是明白法尔如是，无须造作，只须放下。

如实观察

事物原本自然，无须增添或删减，但是我们却经常看不顺眼，认为它们不是太大就是太小，为什么会这样呢？因为妄想。这都是凡愚的欲贪在作祟，其愚蠢与无聊的程度，就像有人与树扭打一样。因此，佛陀建议我们，要以法为基础，如实观察。

我们所认识的一切事物，皆自有其存在的因缘。如果能如实觉知，则无论它们如何生灭，我们皆可不动于心。无论身体发生什么事，我们都不会受到影响；因为我们了解，一切都是因缘和合所成，无法强求。唯有如此，我们的心才得以安住，并保持平和。佛陀要求我们将念头安住在身、受、心、法上，没有什么事物需要造作或解决，只须如实观察即可。

身体经历生、老、病、死，片刻也不得安稳。了解这个事实即是法。法尔如是，无可改变、破坏或解决。当你了解这点，就不再需要语言，也将没有负担。如果你能够如实观察，对于正在做的事就可以保持正念，无论身在何处，都只是观因缘生灭，法尔如是。你究竟想找什么？又为何沮丧与哭泣？你是为谁辛苦为谁忙？你想拥有或成为什么？你凭什么说长论短？到头来，你能对自然说什么？这就是轮回的事实，就是这么一回事。当你了解这个深奥的事实，你就会得到平安与解脱，不再有忧伤与冲突。

"我"与"我所"

观察因缘的生灭与变异，即名为学法。你应该于听闻之后，在生活中加以落实。如果内心仍有渴爱，就不是真的见法；如果仍有嗔恨与烦忧，也是因为尚未通达法义，内心依然被遮蔽，不得自由。只有挺身对抗，才可能解决问题。一切问题都肇因于"我"与"我所"的信念。当你如此相信时，当"我"与"我所"的想法生起时，自私与各种麻烦的问题就会接踵而来。

一位旅客抵达旅馆后，先向前台询价，并告知停留时间。但是，他住了一阵子之后,却开始认为这里就是他的家,而忘了要离开。当旅馆经理请他退房时,他拒绝搬出,并说:"这里就是我的家,我为什么要搬走?"于是,他们之间起了冲突与争执。

当我们开始认为这个身体是属于我们的时,我们就和那位不肯退房的旅客一样。我们对于暂住的地方有了错误的想法,并且发现自己一直处于冲突的情况中。同一对父母所生的子女成天吵架,或同村的村民相处不来,或同一个国家的居民彼此对立,都是因为执著"我"与"我所"的缘故。

法的实相

因此,佛陀劝我们回过头来看这个身体,从其中看出法的实相,而不需要进行改变与破坏。我们说:"一个看见'行',并且放下执著的人,具有快乐。"心与身,皆是无常之"行",不是我或我的。因此,那些看见"行"的人,皆很平静。他们了解身心皆非自我,只是变动不居的现象。

一切存在的事物,都只是"行"。没有生命或个人,没有一个会快乐或痛苦的人,一切都只是"行"。痛苦与快乐都是自找的。如果你像这样看见"行",你就看见法。没有一个实体可以被称为自我、本体或个人,没有人在高兴、受苦、生气或爱恋,也没有人死。事物只是存在与迁流变化而已,这就是"行"。行者的见法即是如此。如果你也能如此看,即名为功德。一切功德皆源自见法,这亦是寂灭之所在。

如果你因为见解不清,而尝试去调整或改变法,就会引来苦。例如呼吸,它是持续吸进与呼出空气,不能间断,身体赖此为生。它是滋养,就像食物一样,进入身体,产生支持。空气进进出出,"行"才得以存活。如果只进不出，或只出不进，就有麻烦了。但是，出生以后，我们就不想变老，也不想死；相聚之后，我们就不想分离；拥有之后，我们就不想失去。只想进而不想出，违背自然，因此我们才会感到痛苦。

一切法都是因缘所生，因缘具足，果便随之而生。谁创造这些？它只是自然的法则，没有人创造它。它随着因缘，自然生灭。这就是法。

法师们的教导，都只是方便的语言，不是真实的法本身。它是引导人们悟入实相的道路。我们自以为拥有法、了解法，甚至以为自己就是法。果真如此，我们就不应该还有贪嗔痴。如果我们真的看见或悟入法，就不应该还有这三毒。因此，我们只不过是苦的奴隶，片刻也不得休息。如果我们真的见法，烦恼就应该从我们的眼前消失无踪。最深奥的法也只是如此，再简单不过。

戒法清净

有一套行为准则，人们靠着它彼此自制与体谅。这是一套无诤之法，称为"戒法"[1]（sīladhamma），是清净的行为之道。它是维系大众和乐所需的法。不过，若未达解脱，这样的乐也只是另一个苦的起点。

有戒法一定比没有好。不过，这样的乐，终究还是会走向苦。单靠它无法让我们超越。创造超越的因缘，是另外一回事，需要靠"定"与"慧"。

涅槃寂灭

因此当你闻法时，不要只是听而已，要将它放在心里，并付诸实行。让它成为达到涅槃——无死以及寂灭的因缘。

身为佛教徒，我们需要学习这些，一点一滴地学，并且通过禅定加以落实。虽然心中仍有贪嗔痴，我们仍要保持觉知，知道它们是我们的敌人，同时也知道法。"啊！它们何时才能被断除呢？"应该通过修行，一步一步加以断除——而非通过睡觉。修持戒与法的过程，虽然仍有贪著，但是只要清楚知道它们存在即可。如果心里有苦，尽量不要让它扩大，应该限制它并保持正念。当你看管牛群时，它们可能会走进田里，因此须加以控制。它们可能会偷吃一些稻米，只要不吃太多就无关紧要。它们只能吃一点点，因为有你在看着。如果你整天都在睡觉，它们就可能将作物吃光，因此你可不能大意。

我们研究与修行的目的，都是为了见法；当心见法时，我们就能熄灭苦。无须质疑修行的目的，因为我们拥有完整的眼睛、耳朵与双足。睁开眼睛，我们就可以看见，不需要等待或盲目摸索。我们不是聋子，当我们听见时，就可以进行思维。领先觉醒，我们便可以提前出发，无须等待那些还在沉睡者。

为什么？因为这是一个充满不安、迷惑与缺失的险境。佛陀教导我们，知道之后就应该赶快离开，而不是留下来陪那些愚痴者一起等待。如果你的双腿走得动，就赶紧走，不要等那些执迷不悟的跛脚者。为什么？因为必须逐步远离敌境，直到你确定自己已经自由与安全为止。换言之，应该逐步开发善德与知识，直到断恶为止。你一点一滴所种下的善因，也将成为其他人的解脱之因。快快觉醒吧！

莫停莫待

种在同一个水池里的莲花，不会同时盛开。可能有一些开了，有一些还在水里，另外一些则在水面上。你必须量力而为，如果随便停下来等待，一不小心就可能会被鱼和乌龟吃掉。

火焰即将烧到你的屋子时,你不能视若无睹,或者稍事休息。你必须赶紧抱起财物,向外逃命。贪嗔痴之火的逼迫就像这样。死亡一直紧跟在后,没有一天停止。至少,我们应该降低生死轮回的次数。我们行善与修行时,口里念着:"愿它成为了悟涅槃的因。"我们应该如何创造涅槃的因呢?禅定是最基本的。你不能只是坐在这里听讲,那无法成为涅槃的因。开始时你聆听,接着你必须思维其中的意义。必须舍弃的事物,就舍弃吧!"这个家伙还不了解……""我不确定他所修行的方式……"不要自以为是,拿别人当退缩的借口。如果老虎就在后面追赶,你还会想等别人吗?危机就在你的眼前!

获得法益

涅槃不是一个你可以停留或到达的地方,或者换个方式来说,既没有到达,也没有停留。那里没有前进、后退或停止。当你进入并看见法时,果报自然会现前,无须索求。见法,并得到你的法益。接着,即使你尚未到达菩提道的终点,也将不会再有疑惑。

这对有心学法的人来说颇为重要。除了导师的法之外,没有其他事物可以让我们和谐相处,并且超越苦的经验,得到寂灭之乐。

法比任何你在家里能找到的东西都要好,家里的事物通常只会带来麻烦,难得带给我们平静。在家庭与财务的领域中,只有会令我们烦忧与受伤的事物。法比它们有价值多了。

如果置身于家庭事务中,我们一定要有法,不能没有它。少了法,它们就会不完整。不要轻忽,真的深入思维法之后,我们就会知道它的价值。家庭事务始终存在,但是我们见法之后,就不会再执著于它们。虽然生活中仍有忙碌与纠葛,但是我们知道它们的本质,便不会再执以为真。就像与小孩相处,他们常说:"妈!看这个。爸!我想要那个。嘿!看看我。"父母亲于是对他说:"哦!当然,好!"但是却不会将它放在心上。你回答是为了让孩子感到快乐与安全,但是你的心并不会受到影响,因为你有完全不同的思维模式。因此,你可以善尽家庭与世俗的义务,做你应该做的事,却不会随波逐流。你的目标是寂灭与离染,而非屈从与纠缠。这就名为圆满的成就与受用,即使拥有资产,你也能如实觉知,知道如何使用与驾驭它们。

闻思修

如果你能如此修行,就能知道法的真实价值。不过,一定要通过听闻、思维与修行的过程。

如果你认为事物是真实的,便会衍生苦与恐惧。你会害怕即将发生的事,到处皆令你触目惊心。其实,你只是害怕自己。只要一动念,恐惧便接踵而来。它欺骗你,创造幻象来误导你。对于如此惊惶的人,无论他们进入屋内或森林,都很容易遭到鬼魂的惊吓,即使只是老鼠爬过,也会被当成鬼魂的声音而吓破胆。他们动辄感到害怕,其实这都只是意识设下的陷阱。

迷失于假象

或者你有些家庭困扰,经常想哭,你责怪他人:"这个人不关心我,那个人老是找我麻烦。"经常抱着这样的心态。其实没有人做什么,而是你,制造了那样的假象。你自己创造了那样的假象,然后迷失于其中,最后再以悲叹收场。当你快乐时,你同样创造了一个假象。无论悲叹或快乐,都是你自己在导演。"这很棒,这真的很棒!"此时你已经忘记自己，在欢笑声中迷失了。心拣择某件事令你感到恐惧；另外一件事则令你憎恶，因此你讨厌它。接着，你爱上另一件事物，你为它疯狂与流泪，没完没了。你就这样反复不断，制造假象。

这一幕又一幕不断在人们身上重演，其实根本什么事也没发生。没有什么东西可以让我们欢笑或哭泣，事物本身并不值得我们爱恋或憎恶，而是我们自己的心在作祟。因此，佛陀说要专注于当下的心，在关键点上纠正你的心。法是真实的，它是确定的实相。但是，我们却不真实。我们只会本能地作出反应，或者欢笑与哭泣，或者爱恋与憎恶。事物被说成非善即恶，我们不自觉地在后面拼命追逐。因为我们相信自我本体的存在，并且认为事物是属于我所有。这就是被无明染污的邪见。

因此，你不应该把任何事物——健康或生病的身体、兴奋或沮丧的心情——看得太真实，这样做只会害了你自己。佛陀说当快乐来临时，不要太相信它，它不是让你欢笑或哭泣的对象，它不是真实的。因缘聚合，所以它发生了。根本没有什么事，只是我们的执著，让它变成那个样子。由于没有见到法，所以我们才会一直将不真实的事物看成真实。

不过，当我们说事物不真实时，有人或许会抗议，那是否什么也不用做了。其实，它不是被动与消极的观念，只是不走极端，以及不过度相信事物真实而已；反之，它是以中庸之道看待事情。当事物还没有转坏，或者当身体还没有生病时，好好照顾它们，如此才能做最有效的利用。当事物转坏时，你只是平静地放下它——不会无端陷入哀伤的情境中。我们总是习惯将身心看成自我，称它们为"我"或"我的"。但是当我们陷入这样的执著时，我们已经远离法，唯一的结果就是再继续受苦。

你们应该了解，一切修行都是为了让心见法与证法。见法之后，即使你还有嗔恨的坏习惯，纵令它发作起来，能量也会减小。同样的情况也适用在贪欲上，这都是由于正确修心的结果，它会让你变得更敏锐。法尔如是，你不需要去改变或调整它。不要尝试去解决已经完成的事，而是应该去解决还不圆满的事。你应该尝试刨平一个凹凸不平的木块，而不是只会坐在那里哭泣。如果这个木块已经很光滑，你就根本不需要再去刨它。与其调整法来适应你，不如调整你自己去适应法。

法即实相

法即实相。心触及实相时，感觉无大无小，无苦无乐，唯有寂灭。即使仍有思想，心也能保持平静。倘若接触外境，则感觉恰到好处，无一物可以增减。见法时，心的特征即是如此，与法相印。

就像房间里只有一张椅子，你就坐在那里，当其他人来时，已经无处可坐。心就像这样。烦恼可能进来，但是因为心里已经有法，它们找不到地方坐下，因此只能黯然离开。如果你有正念正知，当贪嗔痴的恶习因为感官接触或心灵活动而生起时，它们将无法在心里安坐。那里只有一个座位，已经被正念占住了，因此恶习便无法坐下，它们将会离开房间。它们不能令你离开法。正道与烦恼在内心激战，如果没有人在那里坐镇，烦恼就会抢先坐下，成为主人。这表示你没有清明的心，不了解法，因此才会让烦恼有机可乘，苦难也将永无停止的一天。

掌握正道

正道与烦恼就像这样彼此抗衡。如果充分掌握正道，当心中浮现事物时，我们便能见法。这多么让人振奋啊！然而陷入烦恼的人，在这一点上往往容易退缩。此处只有心与境，如果心不受境的愚弄，还会有什么问题呢？境是境，心是心。闻法之后，接着便是让内心通达。当法进入心后，就不会再有问题——正道即是以如此的禅修方式斩断烦恼。

如果没有人当家做主，不请自来的客人就会大摇大摆地进驻，他们坐下来，大吃大喝，搞得一团糟。这是你希望的结果吗？因为你不了解法，不知道对与错、善与恶，并且不认识心境接触与反应的方式，才会让他们喧宾夺主，作威作福。情况不错时，你感觉欢喜；但是当情况不好时，你就沮丧与哭泣。这就和屋内无主的情况一样，只能随着外境团团转。这就是不了解法的缘故。因此你必须如法修行，让法进入心里。所以我们才要在朔、望与其他节日闻法。

无论在何时何地，都要专注于此。当感官对象生起时，要谨记它们是它们，心是心，将二者分开，否则你将无法认出它们。追随你自以为是的观点，会将你带向痛苦。它们都是不圆满的，无法令你满足，才会造成痛苦。心已经被境所污染，无法明辨事实，因此请为你自己准备好正念与正知。

我们说举手投足之间，你都应该在心里保持觉知，即念佛（Buddho）。佛即"觉知者"，念念相续，念念分明。当境生起时，你清楚觉知它的存在，如此不但可以解决问题，还可以彰显实相。这就是念佛的功德。让"觉知者"持续生起，是修念佛的目的。如此，即可名为闻法而解果，知法而起修。你应该先见法与修法，最后内心才能与法合一，如此方可名为悟道与见道。这就是佛陀证果的教学之道。

注　释

[1] 戒法：为佛陀所施设戒律之法，有五戒、八戒、十戒、具足戒等。

第二章　思法

佛陀希望我们看清这个实相,
即事物皆是无常、苦与无我的。
缺乏如此的洞见并执著于事物,
唯一的结果就是受苦。
唯有正观并放下,
才有可能带来解脱。

现在法

我们修行佛法，是因为我们看出高贵宝藏的价值，那是内在的财富。我们以前贪爱物质的财富，但是如今我们希望把它换成内在财富。这种财富没有四大元素的灾祸，如火灾或水患，也不用担心盗贼，那是他们找不到的东西。没有任何外在威胁可以动摇心的喜悦。这就是佛陀所说的功德。供养与布施是这种喜悦的来源之一，因为我们可以借此克服贪心与悭吝。

无论修行何种法，包括布施、持戒、禅定或慈悲，佛陀说它们的目的只有一个，即追求寂灭。因此"现在法"（paccupanna dhamma），亦即当下之实相，就显得格外重要。我们修习各种被称为法的行为，例如供养寺院以赞助佛教。不过，我们应该了解它的实质意义为何。只是追求福报并无益于"佛陀教法"（Buddhasāsana，或译"佛教"）的提升，我们需要分辨福报与善巧方便的不同。福报本身缺乏智慧，而没有智慧就无法解脱痛苦。没有善巧方便的福报，就像背负重物却不知如何放下一样，它最后只会将我们压垮。善巧方便知道何时应该放下，二者共同撑起"佛陀教法"。我们借由闻法以增进善巧与喜悦，然后再借着正思维来造福自己与他人。我们应该学习放下，因为执著只会带来苦。苦（dukkha），"生命无所不在的缺憾"，是可以避免的。但是你知道它的因吗？苦就存在于当下，我们无须回顾过去。万法皆有其因，它们不会无端冒出。只有无知才会造成痛苦。一颗大石头重吗？如果我们从上面走过去就不重，但是如果我们想要将它举起来，那就得另当别论了。

苦恼瞬间生起，非内心本有

因此，如果我们对生、老、贫、富等现象无知的话，则它们皆是苦。佛陀说我们应该了解苦、集、灭、道等四谛。如果了解的话，就没有什么可以让我们痛苦的了。

有些人说苦是内心根深蒂固的一部分，因此将永远存在。我今天才和一些人谈到这一点，我试着解释苦非内心本有，而是于当下生起的。当你感到厌恶时，当下就体验到苦。举柠檬为例，如果你不去碰它，它会酸吗？怎么样才会有酸味呢？当柠檬接触到舌头时，才会感觉酸。如果你没有经验过它，它就等于不存在。唯有当舌头接触到它的当下，它才生起，接着才有厌恶与苦恼。这些苦恼不是内心本有，而是瞬间生起的。

当心达到寂灭时，便是解脱道的终点，这是佛陀希望每一个人都能觉悟的目标。但是在抵达终点之前，我们必须先知道如何修行，以便达到平和的心境。我们的心所以无法平静下来，是因为它们不了解真实法。心仍然未经调伏与不可信赖，缺乏如实觉知事物的智慧，所以无法看见真理或"实相法"（sabhāva-dhamma，或译"自性法"）。"Sabhāva"意指"像那样存在"，或"依照本来的样子存在"。无论佛陀是否出世，万法依然存在，它们不会变成另外的样子。

一步一步把我们带往涅槃

八支正道一般都是从正见学起，接着是正思维、正语、正业、正命、正精进、正念与正定。虽说有八支，但它们都是构成一条道路的实际要素。当见解正确，就会有正确的思维，接着语言与其他各支也都能步上正道。心如果建立在正确的基础上，则所行进的道路必然不会偏差，将一步一步把我们带往涅槃。

佛陀告诉我们要放下。当愉悦的经验出现时，他说只要觉知愉悦即可；当痛苦出现时，也只要觉知痛苦。没有一个人在经验愉悦与痛苦。这些事都是前因所衍生的后果，如果我们修行正确，将找不到任何拥有者。佛陀说只有乐或苦——没有自我、个人或本体。这是正见，没有拥有苦乐等情况的自我或主人。

感觉只是感觉，哪里有个我？

我们经常说我的脚、我的手、我的朋友，一直都有一个"我"在。但是根据佛法而言，那是没有认清自我。了解这些都不是自我，才是认清自我。你只是看见而不去碰它，就像你看见一条毒蛇，只要不去捉它，就不会被咬。那仍然是一条蛇，但是它的毒液却与你无关。因此，佛陀说要认清自我。这种说法不只难以听闻，并且难以理解。世俗的规范或教导，在佛陀清明的心看来，都是颠倒的；而觉者的教导，在世俗人的心看来，也是难以接受的。

当世人觉得他们是善恶经验的主人，而经历着苦与乐时，他们其实都正受到无常的眷顾。因为一切事物皆不断在变化，执著它们只会造成更多的苦。事物来来去去、不断变化，你只能在喜与悲的两端之间疲于奔命。不安源自邪见，它让你起非分之想。你终究难逃苦乐的轮回，它们也将持续压迫你。

感觉就只是感觉，乐就只是乐，苦就只是苦，没有苦乐的主人。这就是正见，佛陀希望我们如此思维。如此思维一段时间之后，心即可慢慢尝到法味，看清正在发生的事。我们所经验到的乐是怎么一回事？而苦又是什么？它们是稳定与恒常的事物吗？它们有多么确定？好好检视这些我们先前经验过的事物。我们享受过的快乐——它结束了吗？我们曾经不快乐吗？它一直存在吗？当我们慢慢了解现象的本质，不再那么执著时，心便得以平静下来，因为我们不再渴望拥有。但是我们仍然可以享受生活，并且利用我们所持有的物品——厨具与家具等，虽然它们并非真正属于我们所有。我们使用它们，但是清楚觉知它们并非属于我们所有。我们可以轻松自在地使用它们，而无须受制于它们。我们在深广与超越的知识基础上使用它们，如果我们不能站在这些事物之上，就会被它们压在下面，以渴爱的心背负起它们，声称："这是我的。"自甘受役于它们。这样的邪见只会把我们引向痛苦，因为事物永远不可能如我们所愿。

无常的本质

为什么事物会毁坏？因为它们存在。了解它们终将毁坏，当它们真的毁坏时，你便不至于太过悲伤。如果杯子不是我的，彼此之间没有关系，则它是否毁坏就与我无关。你的房子里有许多器皿，因此你最好如此思维。不过，你还是必须教导你的孩子们要好好照顾它们。如果你只是说："它不是我们的。"最后你可能连吃饭的盘子都没有。了解是一回事，说话则是另外一回事，如果你教小孩子成人的观念，可能没有人要洗盘子了。

活在这个世上，有许多必须做的事，但是我们应随时放下，保持内心平静，没有苦恼。如此我们才能轻松地做事，这便是正命。即使面临艰难的工作，也不会有问题。

远离生灭法

佛陀希望我们远离生灭法，但是我们却渴望出生。我们希望获得什么？我们还不了解其中的利害，没有看到佛陀所见到的实相。他指出几种我见，包括"我比他人好"、"我和他人一样"，以及"我不如他人"。无论何种见解，都有一个我，都是不正确的。如果没有这些我见，就没有障碍。

人们想要快乐与财富等事物，他们只想享福，想获得眼前的利益，而不愿意好好追求精神上的进步。算术中有加、减、乘、除，而他们只想要加法与乘法，这是多么自私与荒谬的想法。人们在修习解脱道时，可能仍然会生病或有其他问题，于是他们就怀疑："为什么这件事会发生？修行的功德在那里？"但是这根本无关功德。积累功德的目的，不是为了让一只猫变成一只狗。你无法改变"行"的本质，它原本就是不可靠的。无论发生什么事，你都无须太过担忧与沮丧。

我们所称的善巧或增上，超越世智辩聪的层次，它需要福慧双运才可得。福就像生肉，一段时间之后就会腐坏，智慧则像盐巴，能够加以保存，或者你也可以将它放在冰箱里！有此一说，智慧像闪电，渴爱（taṅhā）则像河流。因此，佛陀建议，无论行动、饮食或观看，都不要让渴爱喧宾夺主。活在世间而不为世间所污染，清楚觉知这个世间，不要让心被渴爱所淹没。换言之，要放下。

跳脱生死轮回

佛陀的教导,是为了帮助众生跳脱生死轮回,但是心智低劣的我们却无法认同。当我们听到佛法说没有任何东西属于我们时,我们便开始害怕失去,它只会让我们更不舒服。

事实上,我们可以承认它们,认为世间的事物是属于我们所有,但是那只是世俗的真理,而非解脱的层次。我们需要学习生活中各种约定俗成的事物,例如,我们的名字。我们出生时,并没有带名字来,直到出世之后,才被命名,没有任何旧名字被替换——它原本是一片空白。在空白处,你可以放进任何东西。人们出生时便是一片空白,然后被冠上一个名字,为其存在定位。因此,我们可以称某人为张三、李四或任何一个名字,这是世俗大众所认同的。他们并非真实的张三或李四,而是一个假名罢了,没有实质的意义。事实上,根本没有一个实体存在,有的只是一堆因缘的聚合。但是,如果我们希望张三前来,我们必须呼唤:"张三!"如果我们想要叫李四,我们就必须使用这个众所认同的名称。它们有益于彼此的沟通与运作,仅此而已。

无我之思

出生之后,事物便消逝,消逝之后,事物又再出生,一切因缘法皆如此生灭不已。看清楚事实后,我们就会了解,佛陀所教导的确实是真理。当我们明白这个实相后,就没有什么事情能够让我们痛苦,或剥削我们。明白"没有自我"与"没有任何事物属于自我所有",将能令我们比以往更自在,我们将更能轻松自如地处事与生活。

有些人这样想后,就失去了做事情的欲望,因为他们无法获得属于他们的东西，所以提不起劲。事实上，只有那些拥有欲太强的人才会受到打击。我们最好只为了做事而做事，时时刻刻谨记"没有自我"与"没有任何事物属于自我所有"，好好调伏自己的心，使其能放下。无论工作或行动，都经常提醒自己放下与不执著，以符合实相。

这就是正见与正思维。我们了解世俗的真理就只是世俗的真理，并且明白事物如何生出，以及往后命名的种种。佛陀说一切名称都是空虚不实的，他在教导目迦逻伽（Mogharāja，意译为痴王）婆罗门时，说："目迦逻伽！你应该观世间空虚不实。"这些话足以令一个凡夫丧失信心。"观世间空虚不实，死神就无法追踪你，他将看不到你。"佛陀如此教导他的弟子。

存在于空性

说这个世间空虚不实，可能会让你误以为世上没有东西。当我们看钵或痰盂时，这些东西确实存在，不能说它们不存在，但是它们是存在于空性之中。它们存在，但自性是空的。我们依惯例称某样东西为痰盂，那只是创造出来的名称，或者我们也可以称它为罐子。事实上，就名称的角度来看，它们是空的。但是我们却会习惯性地加以执著，而误认为真实。

有两个人，一个比较聪明，另一个比较笨。后者到市场买东西，他不确定那是什么——糊里糊涂买了一个夜壶回家。他将它当做饭锅，并且觉得很好用，他不知道别人都怎么使用。

聪明人前来看见这个情况，感到惊讶与不解："这个人在做什么？真恶心，竟然拿夜壶来做饭锅。"

一个被称做笨人，另一个是所谓的聪明人，为什么后者会感到憎恶呢？那个壶是新的，从来没有被当做夜壶使用过，所以很干净，为什么会对它感到恶心呢？这是因为观念上的执著，这样的执著会引来厌恶与嗔恨——"嘿！看看这个白痴，竟然拿夜壶来盛饭。"这两个人，究竟谁才愚蠢呢？

其实，夜壶本身什么也不是，它不过是个普通的容器，是我们将它命名为夜壶，之后如果有人拿它来盛饭、汤或咖喱，别人就会觉得恶心。这些负面的情绪代表什么意义呢？这只是因为执著于名称，习惯上大家都说："这是一个夜壶。"它并非绝对与不可变更的夜壶实体，它的用法完全取决于我们的想法与意愿。如果它很干净，便可以有许多不同的用途。

性空唯名

如果我们能如此认清事实：所有事物都是性空唯名的存在，我们并非它们的主人——我们就可以自在地使用餐盘、夜壶与一般的锅子，没有任何挂碍。这些事物自己没有名字，我们可以赋予各种名称，只要运作方便即可。

因此才说语言是一回事，心则是另外一回事。如果其他人称某物为痰盂，我们也可以随着他们这样说；如果他们称某物为夜壶，我们也可以照着做。换言之，我们可以调整自己，以顺应这个世间，随顺世间生活。佛陀与他的弟子们生活在一个大社会中，他们与各式各样的人一起生活，或善或恶，或智或愚，无论在什么情况下，他们都能适应得很好，因为他们了解世俗谛与胜义谛的道理。当你这样了解时，心便很舒坦，很平静，不再执著，这是正见的自然结果。你知道何者为世俗的惯例，何者为解脱，心不再受到扰动。放下负担，轻松自在。

法即现存的因缘

佛陀希望我们修法,但是什么是"修法"呢?法是一切事物,是眼睛所见到的色,耳朵所听到的声。这些都是法,因为法即现存的因缘。一旦有生,必定有灭,我们不需要对它们期望过高,它们原本就是如此。我们应该内观这个实相,在身心之中看出它来,而无须向外寻找。身与心的成分皆不稳定,亦无法持久。它们缺乏固定不变的实体,佛陀建议我们不要把它们视为真实。你怎么能将缺乏实质的事物视为真实呢?一直处于生灭变异状态的事物,怎么可能是真实的呢?唯一真实的是,它们的无实体性。佛陀希望我们看清这个实相,即事物皆是无常、苦与无我的。缺乏如此的洞见并执著于事物,唯一的结果就是受苦。唯有正观并放下,才有可能带来解脱。

为什么真实修行的人值得尊敬?因为他们皆已见佛。当他们坐在那里时,佛陀就好像出现在他们的面前,无论行走、站立或倒卧都一样,片刻不离。他们在心里亲自见证,因此由衷恭敬佛、法、僧,佛陀的教法亦因此而维持兴隆。它不可能遗失,因为它存在于心中。无论身处何处,他们都可以听到佛陀的教法。

当我第一次接触这个观念时,非常不解。我前往聆听阿姜曼[1](Ajahn Mun)开示,他说:"你!独自修行,聆听佛法。当你坐在树下时,聆听佛陀开示;当你走路时,聆听佛法;连你睡觉时,也要聆听佛法。"我当时怎么想也想不通,因为它无法借由思维测度而被理解,只能由清净心加以印证。我无法正确思维这些话,因为其中谈到的是真实见法的经验。不过它并非遥不可及,因为法是无所不在的。

我们认为佛陀很久以前就入涅槃了,不过事实上,见到法的人就见到了佛。这并不容易了解。当你见佛时，你见到了法；当你见到佛与法时，你就见到了僧。它们都存在于心中。不过，洞见不只是玩弄文字而已，否则，经常可以听到类似的言论："佛陀就在我的心中。"然而他们的行为却荒腔走板，完全不照佛陀的指示去做。

觉知法的是心，觉知的人则是佛。佛陀教导法，他已经觉悟法，不过法并不会随着他的涅槃而消失。假设你是一位老师，你不会生下来就是老师，你是通过学习而增长见闻，并从教学之中累积经验。如此辛勤工作一段时间之后，有一天你会退休并去世。虽然你死了，但是，老师不会死，因为让你成为老师的美德并未消失。同理，让一个人成佛的实相，或究竟法，并不会消失。因此我们可以说有两个佛陀，肉体的与心灵的。佛陀说："阿难！善加修行，充实自己，你一定能在佛陀的教法中证果。凡是见到法的人即见到我，见到我的人即见到法。"

法就是佛，佛就是法

我们听到这样的话，却无法真正理解，对于"法就是佛，佛就是法"的观念，感到困惑。不过，事实就是如此。开始时，没有佛，当他觉悟法，即被称为佛。成佛之前，他是乔达摩·悉达多王子。我们也是一样，被称为乔或爱丽丝或某某王子。但是，若能觉悟法，我们也是佛，与他无异。由此可知，佛陀依然活着。

佛在哪里？我们的一切行为皆存在着实相。我们认为做坏事没关系，反正没有人看见。小心！佛在看。佛陀仍然在协助我们行走正道，只是我们没有看见，不知道而已。行者们对于善恶没有疑惑，他们正在见证自己的行为；可是我们却以为自己做坏事，没有人会看见。那是不可能的，我们都在看。无论我们在哪里，或者做什么，都无所遁形，那称为业（karma）。行为的实相一直都存在，佛陀就是根据这个原则在教导。如果世间上每一个人都能修行并觉悟实相，他们就能转变成佛，成为传法者。

所以说佛陀依然存在，你应该为此而感到高兴。但是有些人却感到挫折，他们说："老兄！如果佛陀还在，我早就成功了，我现在已经开悟了。"不过，他确实在此，在修行的正道或善恶的准则上。

人身难得

佛陀称人为"特殊的有情"，是能够觉悟法的众生。举例来说，我们具有动物所缺乏的思考能力，经由够格的教师训练后，我们就可以修行并了悟实相。比起其他众生，我们可以说是得天独厚。

经典上说"人身难得"，这有点难以理解。我们心想："怎么会？经常都有人出生，甚至一次就生两个。"之所以如此，是因为我们不知道真正的人是什么。我们环顾四周，看见许多人，无德之人是其中一个类型。这些粗鄙之人，只是另一种动物而已，徒具人的名称。

初来到这个世间时，我们什么都不知道，不知道如何修行，也不知道人类存在的真实价值。长大后，我们跟随父母师长学习，逐渐发展美德，并成为完整的人。这时我们才可以说人已经出生。

人类的潜能优于动物，我有时会举一只睡在稻谷堆上的狗为例。当这只狗饥饿时，它必须出去寻找食物，无论那个稻谷堆有多大，它完全无法受用。因为狗无法将稻谷去壳，然后烹煮。它可能四处游走，却一无所获，不得已只好重回稻谷堆上。它躺在那里，饥肠辘辘，最后可能就饿死在稻谷堆上。

所以说人类具有较佳的潜能，它可能被使用在善或恶的用途上。一个恶人，一种我们称为畜生的人，可能会摧毁一个国家，但是我们从来没听说过一只狗会摧毁一个国家。从另一方面来说，一个对法有兴趣并且认真修行的人，将可能完成令众生难以思议的事。

五戒之助

其实，修行善法并不容易。它虽正确，不过做起来却有困难。一个简单的例子是五戒。我们在一切时间都应该遵守五戒，它们是检验一个人是否够格为人的标准。这五戒包括：一、禁止杀害任何生命，并且应该对他们慈悲；二、不偷盗，尊重他人的权利；三、了解正当的性关系，并且知所节制；四、说实话；五、杜绝麻醉品。如果每一个人都能遵守，这个世界将可以减少许多麻烦。即使尚未觉悟，也可以减少冲突，进入真正人的世界。戒律虽然不多，不过持守者，将可获得许多福报。我们可以坦然面对未来，因为我们未曾对他人造成伤害，死亡来临时，我们不会懊悔。因此，学习五戒是为了成为一个真正的人。

以"修福"的方式学佛也很好，虽然这仅是一棵树的表皮与枝叶而已，不过依然很好。树都需要树皮，不是吗？当你供养或参与法会时，是以出于相信因果的善念去做，而非贪染之心。当你回家后，别人问你："你到寺庙去，有得到什么功德吗？"你可以对他们详加解释功德所在，这是一种"善巧方便"（upāya），教导也是一种方便。应该知道，这是世俗谛。真实的法是眼睛看不到，耳朵听不到的。

当一个老师在教导学生时，她举 A 先生有这些钱为例。事实上，没有 A 先生这个人，她用粉笔在黑板上创造了这个人，它是 A 先生吗？

是的，是一个假设，一个名称，但是它无法四处奔跑或行动。为了学习，我们可以谈论这个 A 先生，但是它无法起身移动。这就是"善巧方便"。没有 A 先生，我们只是为了某种目的，用字母 A 来代表这个人。

有正念正知即可修行

只要具有正念正知，我们就可以修行。有些人会想，我没有时间修禅，我必须做生意。嘿！当你做生意时，要呼吸吗？只要有时间呼吸，你就有时间修行。禅定无他，警醒与觉察而已。所谓做生意也可修禅定，不知者会以为是在市场里闭目静坐。觉察意指觉知当下正在做的事，你今天说话、行动或思考时有出错吗？如果你有正念，就应该知道。

所以不要以为修行一定得剃度出家，住在寺里。无论从事商务、家务、写作或任何事，都可以修行，它就和呼吸一样——不需要刻意抽出时间来做。即使睡觉也要呼吸，为什么？呼吸是生存所必需。事实上，呼吸是极细致的滋养，我们不能两分钟没有它。我们可以两个小时或两周没有精致的佳肴，但是我们可以多久没有呼吸呢？因此佛陀要我们观察呼吸，进与出，配合反复念佛。身体各部位都需要它，它是最重要的食物。当你静观时，你就了解它对于你是多么可贵，更甚于钱财、黄金与钻石。如果它只出不进，你的生命就完了；如果它只进不出，你也一样会死。

由观察呼吸，进而观生命无常，是念死的禅修。只要明白这个事实——如果呼吸只进不出，或只出不进，你的生命就完了——如此就足以改变你的心。这个明白会让你开始觉醒，你的外表会改变，你的行为也会随之变化。你会害怕造恶，并对坏事生起羞耻心，你将不再随着贪爱或嗔恨而冲动行事。正念会自然增强，智慧也会及时生起，教导你许多事物。

将注意力放在呼吸上，保持正念，智慧就会生起。它很简单，因为我们每个人都要呼吸。当你躺下时，可以集中注意力直到睡着。这真的很简单，它会让心平静下来，无论你是出家人或是在家人。

禅定是帮助我们超越痛苦的良方，借由它我们可以明辨是非；但是如果我们没有修行，就无法看清楚。无论做什么，都要明明白白。这便是佛陀对弟子们生活的要求。

猎人的陷阱

身体有可能不会疼痛、发烧与生病吗？我们众生都被恶魔（Māra）的陷阱困住了。当我们被陷阱困住之后，恶魔就可以对我们为所欲为，他可以折磨我们的眼睛、耳朵、四肢，或身体的任何一处。

这就像人们为动物设下陷阱一样，挖掘一个窟窿，或用饵钩，引诱它们进来。当鸟儿来吃诱饵，被逮住时，它能怎么做？它的脖子已经被掐住了，还能去哪里？它想飞却飞不开，即使拼命挣扎也没用。然后拥有这个陷阱的猎人抵达，看见被困在陷阱里的鸟儿，就和他所计划的一样。

他抓起鸟儿，如果它想反抗，或想攻击他，他可以轻易就扭断它的脖颈；如果它想飞，他就会折断它的翅膀；如果它想逃跑，他会折断它的双脚。陷阱的主人如今主宰一切，这只鸟儿无论如何都逃不开他的掌握。

我们也一样被困在陷阱里。佛陀看见了，并且明白真相。他原本是一位王子，享有一切荣华富贵，当他看见世间的苦后，他舍弃了一切。他清楚看出世间的本质，了解其危险性，因此义无反顾地放下与离开。人一出生之后，便陷于其中，他看见自己像鸟儿一样被困在陷阱里。索套环绕着他的颈项，他看出其中的危险，因此放弃一切，孑然一身地离开。觉悟之后，他指出此点，让我们思维，在不确定的领域中，何者有害，何者有益。他不愿自己沦落，也不愿被陷阱困住，他选择出离，让自己全身而退。在见法与觉悟之后，他教导我们觉知这些事物。

观察这出人生戏码

虽然他解释了世间的谬误与危险，但是人们仍然被无明障蔽，无法看见。心是如此厚重与顽固，并且还不断在累积痛苦与欲望。在这出人生的戏码中，只要我们仔细观察，不难看出世间的业与苦。如经中所说："生即是苦。"生在这个世间，你苦吗？出生之后，我们具有双手、双脚、眼睛与耳朵，它们都昭示了苦的存在。我们必须设法活下去，为了一家的前途而打拼。在接触外界的过程中，我们频频陷入困境。除了自己的头痛与忧虑之外，我们还要担心孩子的未来，以及财产的问题……

出生之后，我们随时可能遭受变故。耳朵可能变聋，眼睛可能变瞎，四肢或身体的任何部位都可能受伤。我们无法优游自在，因为我们都被困在陷阱中，那是猎人设下的陷阱。那位猎人如今握有主宰权，我们成了他的猎物。他可以照顾我们，也可以打烂我们的嘴，或折断我们的翅膀。这个陷阱的主人，就是身魔（khanda-māra，或译"蕴魔"）与烦恼魔（kilesa-māra）。

在这里，许多人不想了解法，只想逃避。他们不往正道着手，只想捡便宜，结果当然只有——苦。它肇因于渴爱，渴望拥有，而不愿活在当下。

因此佛陀教导我们，观察自身，以达到离染与觉醒的目标。了解一切都是因缘法，没有独立存在的个人或自我。就像我们种田时，装设稻草人，以防稻谷成熟时，小鸟会来偷吃作物。我们收集稻草与稻秆，扎成人形，并为他穿上裤子与衬衫，小鸟看了就会害怕，不敢来偷吃。稻草人成为我们的帮手，从此之后，稻子有机会成熟，我们也可以收割了。但是其实它不过是稻草与稻秆扎成的假人，一旦我们收成之后，就可以将它弃置在田里，那里正是它的来处。

我们就像稻草人一样，当意识离开身体之后，就什么也不是——与稻草扎成的假人没有两样。稻草人哪里也去不了，最后只会被弃置在田里。

但是现在我们可以活动，可以到处行走，对于事业与旅游充满憧憬。我们想走就走，想留就留，可以恣意唱歌、跳舞与玩乐。用一句俗话说，我们现在只是在等死。收成的时间一到，稻作收割完后，稻米被打包运走，而稻草人则被丢弃在田里。

走到终点，就得放下

当收成的日子来临时，我们就得离开。只有不知道事物始末者，才会随事浮沉，被耍得团团转。当他生病时，希望自己没病；当他变老时，希望自己没老；当他快死时，又希望自己不会死。但是法尔如是，它们原本就是生灭不已，无法改变。

由于不了解自然的法则，因此才会希望事物稳定而持久。这是我，那是他——每件事都从"我"与"我所有"的角度去看待，而没有考虑到法。重点是，走到终点时，每个人都得放下。无论名、闻、利、养，或一切苦乐经验，都无法从世间带走，它们都是虚妄的世间成就。

我们人与受困在笼中的鸟或水族箱里的鱼一样，命运操纵在主人的手里，随时会被取走。主人随时可以杀死被囚禁的奴隶。这就是轮回之苦，求出无门，除非他能了解法，如实认识这个世间。

看看法，不要看太远。如果看太远，你将看不见。如果你对法有疑惑，就看看自己，看看这个身体和这颗心，它们可靠吗？你凭什么把它们当做自己？它们的本质为何？它们稳定吗？能持续多久？身与心都是因缘所聚合，并无不变的实体。

自然的法则

我们的头发会变白，牙齿会动摇与脱落，耳朵会失聪，视力会失明，皮肤则会干皱，为什么会这样？因为我们没有能力主宰它们。它们有自己的发展因缘，不听从任何人的指示。

就像一条向南流的河流[2]，如果我们希望改变它的流向，可能吗？当然只会自讨没趣。泰国的河水原本流向南方，而我们希望它转向北方，有人办到过吗？是河水错，还是我们错了？这只是自找麻烦而已。自然就是如此，事物皆遵循各自的轨道前进，无论我们怎么强迫它，它还是会照着既定的路线前进。我们无法改变它，即使想动手脚，也是无能为力，不是吗？

因此，佛陀希望我们闻法后，深入思维，如实观察河流的实相。如果它向南流，就让它继续流，不要作无谓的抗争。一个智者站在河边，看着它向南流，会欣然接受，因为法尔如是，彼此之间没有矛盾与冲突。逝水如斯，奔流向南，这是自然之法。人生也是一样，人生中一定有老、病与死。从出生开始，中间变老，末了则消逝。能够如此思维并看见实相者，将可维持平静与自在。

"行"的智慧

佛陀教导我们"行"的智慧。水即是"行",川流不息;这个我们以为属于我们所有的身体,其中的四大元素,也是不停变换。生命从子宫出生之后,就一直向前流——从小孩,到成年,再到老年——川流不息。逝者如斯,法尔如是。

我们应该了解,这个身体不是一个实体、个人或自我,它只是因缘的聚合。无论为它哭泣或欢笑,或是有人想阻挠它,它还是这样。它不会想讨好任何人,佛陀希望我们看清这点。它是无常与不稳定的,由于不了解它的本质,才会造成苦。这个身体只是地、水、火、风的组合,不是一个实体、个人或自我。它最后会消逝,这就是自然的法则。

如果我们想要修法,并过如法的生活,就应该看看自然。你们有注意过树吗?有大、小、高、矮等不同的树。当旱季来临时,它们的叶子就会掉落;当雨季来临时,树叶又会再长出来;当倒下的时刻来临时,它们就会倒下;当生长的时刻来临时,它们又会再度生长;当解散的时刻来临时,它们就会解散。我们也是一样。那是"行"的本质。我们出生、变老与倒下,接着再次出生,就像树与叶子一样——没有差别。

森林里有美丽的树与丑陋的树;有些弯曲多节,有些笔直高大;有些树有木髓,有些则无。人也一样,有好人与坏人,还有谄曲的人与端正的人,这也是自然。

就树木的情况而言,它们存在的因缘为何呢?是土壤与水分滋养它们,让它们成长与开花。就人类而言,则是业。业即行为,它让我们强壮或衰弱,并影响我们的智慧高低。树随季节——热、寒、湿等——

而生出，人类则随业——他们的行为——而出生。

做好事，事情就会变好；做坏事，则只会带来痛苦。美好的行为让生命更美好，丑陋的行为则只会让生命更丑陋。这个存在的实相就称为业。举例来说，今天你为什么会来这里？你来寻找某种特别的业——你希望找到平静、喜悦与自在。持戒、修禅与闻法，是根本的因，是创造善业的根源。

闻法后的觉悟

闻法之后，还需要觉悟。有大觉悟，就会有大成果；如果只有小觉悟，就只有小成果。很少的正见，就会有很多的痛苦；如果具足正见，痛苦就会止息，内心将能获得平静。

你们今日来此，是为了寻找心灵的滋养。应该借由内观来训练心，这就名为修法。经由身念处，我们可以看得很清楚，不需要向外寻找。

当我们真的清楚看见时，就能保持客观与离欲，会厌弃世间。虽然过程中会有一点恐惧，不过慈悲的心念会将它抚平。因此佛陀要我们洞见生、老、病、死的实相，如实观察，这就是法。

如实观察就是修法

如果我们能如实观察，就可以名为修法。我们将了解一切人类并无不同，无论是来自哪个村庄、省份或国家。如果我们真的生起洞见，就看不到差别。每个人都一样，开始出生，中间变化，最后则消逝。因此佛陀希望我们思维戒与法，了解"他们和我们一样，我们也和他们一样"。如此，就会有了解与体谅，因为我们都一样是生、老、病、死的亲戚，我们都是一家人。如果我们了解这一点，内心就会生起人饥己饥的感受。当我们深入思维这个身体时，就知道大家都一样：别人的小孩就和我们的小孩一样，别人的父母也和我们的父母一样；我们自己的存在和别人一样，别人也和我们一样。如果能够如此洞察，就能终结伤害、嫉妒、冲突与侵略。

这样的洞察即是正见，具足正见，即解脱道。有正见，就有正思维、正业、正命、正语、正精进与正定。经由正见，进入解脱道后，便会有正确的连锁反应。能够这样做，无论在哪里，都是在修法。

佛陀教导我们观察自己，而非遥想天堂、大地、山顶、云朵或天空。法就在我们的身边，如果我们能了解自己，执著与渴爱就会减少，这就是洞见的力量。没有洞见，烦恼不会减少，我们也无法平静。

修行人应该知道行为的后果，不能盲目地修行。他应该清楚知道自己正在做什么，是做对或做错，以及后果会如何。如果一个人什么都不知道，他的修行不可能有成果。他可能只是人云亦云，盲目跟随团体运作，人家叫他做什么，他就做什么，完全没有任何洞见。佛陀希望我们明辨是非，清楚觉知当下发生的事。不是每个人都一定能觉悟，如果我们现在没有洞见与觉知，以后也不会有。现在，就要看见。

身体的本质

仔细观察身体，直到离欲为止。我们将了解，我们就和笼中鸟或水族箱里的鱼一样，猎人或主人随时都可能将我们带走，或摧毁我们的四肢、感官与器官。我们的身体随时都可能瓦解，它的本质就是如此。我们无法阻止它发生，它也不会听从我们的命令。为什么？因为它们不是真实的，它们并非真的属于我们所有，没有一样东西值得信任。它们并非真的是，或一定是我们的脚、我们的手、我们的眼睛或我们的耳朵。那是世俗的说法，只是假名罢了，不能说成是我们的。

仔细思维这些事物，它们都是因缘和合而成，是色、受、想、行、识的积聚——你可以称它们为"五蕴"、"色法与名法"，或"身与心"，这都是就它们的本质而言。你应该了解，它们不是独立存在的个体。

佛陀说："比丘！正观内心者将能逃脱死魔的陷阱。"但是我们真的了解心吗？它叫我们哭，我们就哭；它叫我们笑，我们就笑；当它渴望某样东西时，我们就紧追不舍。这些事情并不难理解，心应该不难教才对，但是人们却不愿意教它。如果它生气，马上降伏它——拿起棍子，它就会听话，但是我们却不愿意像这样训练自己。如果真的要训练自己，你怎么可能睡成那样？睡觉时，并不是糊里糊涂掉入梦乡。每天训练自己，当头碰到枕头时，记得观察吸气与吐气，并且思维："真好——今夜我还能呼吸！"每天这样告诉自己。你不需要反复唱诵与念诵，只要问自己："我还在呼吸吗？"当你早上醒来时，马上想到："嘿！我还活着。"到了夜晚，你再一次问自己："躺下去后，我还能再起来吗？"小憩片刻后便警醒。当你再度感到疲倦时，再一次问自己同样的话。你每天都必须这样做，只要像这样精进，总有一天你会看见。你会看见自我与他人的实相，以及什么是世俗的惯例与假名。你会了解它们的真实意义。之后，原本重的会变轻，长的会变短，困难的会变简单，一切都会变得不一样。但是你必须精进，才可能办得到。如果你昏沉懈怠，就什么事也做不成。

用心向内看

向外看，你将看不见实相。我们早已具足一切，因此无须外求。出生之后，一切事实俱在，只需用心观察。事物出现时，我们马上看出它们是无常、苦与无我的。我们看见这个，并且认出我们就像这样，其他人也都像这样。这是思维法的第一步，沿着这条路走下去，就可以抵达终点。这是一条终结生死的道路。

只要用心，我们就会知道。就像在田里工作，只要看太阳，我们就知道，何时是收工回家的时候。

工作时，我们需要知道时机。只要经常保持专注，我们就会知道，上工或收工的时间到了吗？如果仔细观察，我们一定能看见并知道……同理，只要持续观察身与心，我们也一样会知道……它以前曾经像这样吗？它现在如何？它像个小孩吗？如果我们像这样思维与观察，心就会自然转向，心情会转为平淡。在烦恼的生活中，它会感到安静。持续这样的思维，将能令心转向；如果心不转向，我们就见不到法。

创造解脱的因

事出必有因，我们精进修行，就是在创造解脱的因。例如，一对经历过爱情与争吵的夫妻，当其中一人死亡时，就只剩下孤单的另一半。原本恩爱的一对，如今只剩下一个人，那个人很可能会向寺庙求助。就像一个人生病时，他很快就会想到要找医师；如果没有生病，他就不会有这样的想法。

像这样发生的事情就称为因，人们的情感运作也类似于此。如果我们的生活既安逸又舒适，就不会想到这些事，心也不可能会转向。同理，修行时也必须生起出离心，不过我们往往做不到。我们去听开示，尊贵的老师使用各种方法教导我们，就是为了帮助我们看清楚。头发像什么？牙齿、皮肤与指甲的实相为何？瞧，它们像以前一样鲜嫩吗？

它们有变老吗？和以前有差别吗？佛陀告诉我们，思维自己的身体。向内观察，就像它染上病痛了一样，专注地看。此时，你只会想赶快找医师来治疗它，你很自然会想到医师与药方。这很自然。如果高烧与疼痛持续不退，这会变成你唯一关心的事。但是先前，在你生病以前，你根本一点也不关心这些事。如果有人叫你去找医师，你还会嗤之以鼻呢！现在，因出现了。

我们的修禅也像这样。为什么我们要针对头发与皮肤，这些我们原本就有的东西进行思维呢？它们是因之所在，是出离与行舍的因。它们可以产生智慧，也可以制造烦恼。智慧生起，烦恼则消退；反之，烦恼生起，智慧则消退。洞见生起，无明则消退……佛陀经常要我们思维生、老、病、死，为什么？因为解脱之因就在这里。

"身念处"禅修法

思维死可以让我们对于此世生起出离心，如果持续观察此点，一步一步深入它，对于世间的厌离也会随之加深。思维法，最后你将见法，亦即实相。当你见法时，你就能达到寂灭。除此之外，它还能将你带去哪里？

这就是因，这种禅法称为"身念处"，即观察身体的禅修。从头顶到脚底，再从脚底到头顶，反复观察。如此禅修，将有助于生起出离心，让心转向。

假设你有一个美满的家庭，一栋大房子，以及许多财产。当每件事都很平顺时，心就不容易转向，因为太舒适与安逸了。就像你乘船出海，如果这艘船很好，水面又很平静，谁会想到要游泳呢？但是如果这艘船开始沉没，游泳就变得很重要——这时你还能漠不关心？有人会问:"老是叫我们观察身体各部分,到底有什么用?"它的作用就是救命。如果你独自出海航行,可能不会想到要游泳,但是先将游泳学好可能更安心。如果这艘船开始沉没,除了游泳之外,你还会关心什么?

如此修禅,并且真的看见实相,正果就会不请自来。了解无常、苦与无我,由此而发起净信,你便已经完成思法,而进入修法的阶段。

了解这一点后,你接着会了解许多事。只要精通这一点,你的修行就可以辗转增上,于内在或外在,自己或他人的身体中,看见无常、苦与无我。这是功德的来源,是佛陀的教法,也是你必须深入观察的地方。佛陀不会教导不相干的事物,包括人们不会去的地方,或人们看不到的事物。他指出的都是我们切身的事物,无论行、住、坐、卧,皆须臾不离。

怕什么?无处可逃啊!

即使这些事物如此贴近我们,我们仍然看不见!就像我们在禅堂里放置的骷髅(死人的骨架)一样,世间人只会谈论,却不曾真正见过。有些人见过,却感到害怕,他们逃离禅堂,一点也不想看。这些都是视而不见的人,如果他们真的看见,就不会害怕。如果害怕,你还能跑去哪里?骷髅始终跟着你,想想看。即使你跑开,它也跟着你跑。无论你到哪里,它都跟着你。你到底在怕什么?根本无处可逃。

如此了解之后,你才能出离。"哦!事情真的是无常、苦与无我的。"当你看见骷髅时,你知道它就和你一样。你坐在那里抽烟嚼槟榔时,骷髅就在那里;你来回走动时,骷髅也跟着你;你闲聊时,它也在那里。它就和你一样。未来你也会和禅堂里的骷髅一样,每一个人都会变成这样。

先前，骷髅和你一样，也是一个活人。之后，我们也会和它一样，变成骷髅。你害怕吗？这是真的吗？你能逃到哪里去？

因此看一个人时，你知道他就和你，以及其他人一样。当你如此看一个人时，你就了解世间所有的人，包括我们自己在内，都没有什么差别。整体而言，我们都是一样的人。

请认清这个事实。

先前，骷髅和我们一样。之后，我们会和它一样。借由这样的思维，心将会转变。持续思维，你将了解一切事物皆非真实，并且不可信赖。唯一真实的是因果业报，善有善报，恶有恶报。正确的思维，会引导你走上正道；错误的思维，则会让你误入歧途。它正在发生，这是唯一真实的事，果报一定会回到你的身上。

正确的思维

死后，连骷髅也带不走，更何况家庭、朋友与财产呢？它们都是不可靠的。从我们自己的骨头开始，没有一样东西是真实的。带领我们转世的是身口意的善恶业。善有善报，恶招苦果，只有这件事是确定与真实的。

因此佛陀希望我们深入观察，不要汲汲钻营，趁着还有一口气在，尽量行善去恶。一旦死了之后，你就无能为力了。佛陀希望我们了解时间紧迫，赶快起身力行。你还有眼睛与耳朵可用，意识也尚未离开躯体，因此能够观察与了解事物。放下吧！及时放下，就可以换来轻松自在。何为放下？即舍与观。当意识离开躯体后，你还能完成什么事？他们会将你的身体焚化或掩埋，故事就此结束。

我们有尊敬与供奉死者的传统，还用尽一切谚语来称颂它的功德。人们拿出米糕，说那有益于亡者。不过，接下来却是他们自己在享用。亡者此时在哪里？而他或她又得到了什么利益呢？

放下执著，生起净信

功德来自修行，而非供奉死者。佛陀并不称颂死亡，他赞扬人身难得，趁还活着的时候修行很重要。觉察错误，立刻改正；发现善事，立即去做。这是你的两个好朋友，你的庇护所。现在它是你的庇护所，未来它也将是你的皈依处。物质的享受不过尔尔，不是吗？你们看现在的年轻人，他们努力追求享受，最后仍然一无所有。我们已经不再年轻，应该及时住手，转而寻求平静与恬淡。我们已经做够了世间的荒唐事，现在，该是停止的时候了，不是吗？

虽然还住在家里，你们应该好好思维这些事。你们身未出家，但是应该让心出家，觉悟实相。世间的成就与财物有其限制，无法带来究竟的利益。它们终将流逝，因此，就让它们流走吧！佛陀希望我们都能修禅并见法。如此思维，即是经典中所说的前行，是第一步。它将摧毁我们的身体。摧毁身体——这究竟是什么意思？通过见到无常、苦与无我，我们就能放下对身体的执著，生起净信。

请思维这点，由此你将能生起出离心，停止伤害他人的行为。不害，即是戒。如果不了解这点，你就不知道什么是业，以及何者是错误的行为；如果了解，你的身与口就会停止造恶，这就是戒。断除恶行，即是戒。

放弃恶行后，心就能静下来，并入定（samādhi）；心入定后，就能生出智慧。佛陀初次传法时，弟子们只听到这样的话，当下在座位上就开悟了。有一些人达到阿罗汉果，究竟解脱，就在这样简单的开示中。那么，他们什么时候持戒？什么时候修定与入定呢？他们了解轮回之苦后，便决心出离，那就是戒。之后，心中没有恶念，只有平静，那就是定。进入定境后，心便能深入思维，并生起智慧。

如此闻法与思法后，就能自然生出戒、定、慧，这就是解脱道。许多人和我们一样，对此有许多疑惑："啊！他们背后一定有很多善业，才可能办得到。"不过，现在仍有人解脱。它真的可能，只要我们认真闻法与思维，就可能解脱。心必须要出离，要放下。如果现在无法放下，可以在明天或稍后的禅坐中放下。今天无法觉悟，可以明天再悟。明天无法觉悟，可以留待明天之后再悟。如果我们真的对于法有兴趣，就一定要觉悟。

听到法的名字时，不要以为它是有别于自然的东西。我们拥有它，我们就是它。无论你修什么，努力让心如实看见——看见无常、看见苦、看见无我。看见我们这个世间没有什么东西是永恒与持久的，如此而已。

内观实相

当你持有如此的正见时，无论看什么，都会转为内观的实相；外在现象与你本身没有差别，持续内观，每一样事物都是法。当你看见动物时，法就在那里。大生物是法，小生物也是法。包括岩石、泥土或青草，它们都是法，因为一切都是自然。

见法之后，你就能依照所见去修法。佛法就是这样，它不是离我们很远的事物。我们说的是道的根源。如果你有信心，并努力求法，你会向哪里寻找？无论前往一间寺庙，或再往其他寺庙寻找，或到森林行脚与参访，它都一直在那里。法，就在你自身之内——就在你的身上。

闻法的原则也一样，不需要听很多，应该为了觉悟实相而聆听。过程中，你应该问自己：重点是什么？应该如何观察？应该如何修行？应该如何调伏内心？我们希望超越假象，解脱痛苦，然而什么是假象？这个痛苦又在哪里？应该如何超越它？

无论乐与苦，或爱与恨，都是你重要的老师。它们是解脱的根源。如果你执著爱的感觉，就会引发痛苦。深入观察这点，这些感觉将为你指出解脱道来。如果你执著它们，就永远无法解脱。深入观察这点，你就会有所觉悟。

超越爱与执著

为什么我们说要超越爱与执著呢？回想一下，在你的生活中，无论是在家里或其他地方，当你非常依恋或钟爱某人时，是否都会为你带来痛苦。如果你有所怀疑，请想想这点，你必须了解这是份什么样的感情。不要迷失自己，不要再沉睡了，不要让你的心陷入昏沉。钟爱某人，或执著钱财，都只会为你带来痛苦。切记！如果你无法记取教训，就把它写下来！看着它！这就是实相。

当你有爱与恨的感觉时，你必须看着它们。它们正在教导你，提醒你不要落入极端的方式。冲动有可能引你陷入放纵或压抑两种极端的模式，即经典中所说的纵欲与自虐两端。佛陀刚悟道时，就是教导弟子不要陷入这两端。它不只在佛陀的时代有效，即使到了现代依然有效。

应该从哪里观察起，才能了解这个实相呢？就从你自己的心里。

习惯上当我们喜爱某人时，会一直想和他们在一起，但是当我们讨厌某人时，则甚至不想靠近他们。你们有过这种感觉吗？请仔细观察并教导自己，你看见它们是如何引你走向痛苦？这里谈论的是苦圣谛与苦集圣谛，即渴爱与执著。仔细观察你的生活，你就会了解这个事实。你的贪著与焦虑能带给你什么好处？不要让你的心被非理性的贪欲所绊住。这就好像你吃香蕉时，会将皮剥掉，但是当小鸡或其他动物想去吃它时，你却又觉得那是你的，这就是贪念在作祟。得到时感到高兴，失去时则感到沮丧，这就是佛陀所说应该避开的两端。告诉你的心，让它避开。

贪爱与憎恶都是深渊

因此，修法者听到教导后，应该仔细观察这些爱憎的情绪，当它们生起时，要努力降伏内心。仔细观察并避免落入极端的反应中，将有助于心的提升。不要让自己陷入深渊！贪爱是一种深渊，憎恶也是一种深渊。

佛陀了解这些事，他通过修行，看见它们是无常、苦与无我的。贪爱生起时，将它放在一边。憎恶生起时，也将它放在一边。如果你无法将它们放下，就应该训练心如此做。这些事本身无法让心平静。

这就是法，这就是佛陀的教法。你必须向这里观察，必须向这里寻找平静，因为这是涅槃之道。"你想追逐那些事吗？你将因此落入恶道。"这样告诉你的心。不要陷入执著，或为这些事巧立名目。

你下过田吗？你应该知道怎么鞭策牛，好让它听从你的话，到达你想去的地方。因此，为什么不鞭策你自己，抓稳心的方向呢？

没有业因之处

我们谈论的是到达一个没有业因的地方,在那里业因已经耗尽。如果有贪爱或憎恶,意味着有因存在,有因就会有果。如果有生,就会有灭,这就是自然。当贪爱与执著存在时,就会有憎恶与反感。如果有天堂可达,未来就有地狱可入,反之亦然。生与有的领域就是这样,因此佛陀希望我们仔细观察。这不只适用于少数人而已,它们放诸四海而皆准。因此,你应该去哪里修定?你修定的对象是什么?当你看见时,就应该迅速放下。

就在当下精进。以善巧方便调伏你的心,使它柔软,就像铁匠把铁熔化后,再把它塑造成各种有用的器具一样。就像这样,我们以戒律、禅定与智慧调伏我们的心,使它柔软与降伏,获得平静。

注 释

[1] 阿姜曼·普里塔(Ajahn Mun Phurithat, 1871–1949)出生在湄公河西岸空将乡的坎崩村。1886 年,15 岁的阿姜曼出家为沙弥。在为期两年的沙弥训练结束后,他还俗返家帮忙农务。1893 年,当他 22 岁时,再次出家成为寮族传统的僧侣。是一位公认具有极大影响力的教师。

[2] 南亚的河皆向南流。

第三章 修法

修行的目的就是向内寻找,持续观察,直到找到本心为止。本心也称为清净心,是没有执著的心。它不受外境的影响,不会追逐喜欢或讨厌的现象。此外,它一直都是觉醒的,完全明白它的一切经验。

寂灭之道

我们修行是为了去除贪、嗔、痴,那是我们每一个人内心都有的烦恼,把我们困在生死轮回中,让我们的心无法止息。

不只是让心止息,还包括身与口。在你修身与口之前,一定要先修心;不过如果只修心,而忽略身与口,也行不通。修心,直到它变得平顺、细致与光亮为止,就像木匠刨制木器一样。要想拥有一根光滑的柱子,你必须先砍树,接着,切下粗糙的部分——根与枝,然后进行裁锯。修心也是一样,你必须先从粗糙的部分下手,从粗到细,循序渐进。

修法的目标是降伏与净化心,不过做起来却不简单。你必须从外部的身与口着手,再逐步向内,直到它完全平顺为止。你可以拿现成的家具,例如椅子与桌子等作比方。虽然它们现在看起来很光滑,但是它们先前也曾经是带有枝叶的粗木,必须先经过计划与处理的步骤。这是你得到美丽家具的方式,也是你净化心的方式。

到达寂灭的正道,或佛陀所揭示获得真正安乐的方式,是戒(sīla)、定(samādhi)与慧(paññā)。这是修法之道,也是彻底断除贪、嗔、痴之道。这条道路必须得对抗我们好逸恶劳的习性,因此,必须做好奋战的准备。

从迷惘到觉悟

佛陀说这是适合我们所有人的修行之道。他所有证道的弟子，先前都和我们一样是凡夫。他们和我们一样，有手、脚、眼、耳，以及贪、嗔、痴，没有任何异于我们之处。他们借由修行，从迷惘到觉悟，从丑陋到庄严，从无用到获得大利益。你们必须了解，你们也有同样的潜能。你们和他们一样，都是由五蕴所组成。你们也有身体、苦乐的感受、想念、意行与识。此外，你都一样有一颗不安的心。面对相同的情况，你们一样都有分辨善恶的能力。佛陀时代的觉者，和我们没有两样，都是从平凡与迷惘开始，有些人以前甚至是强盗与凶手。佛陀鼓励他们修行，获得道果。过程中，他们也一样是修戒、定、慧。

如果能将心看好，则看管身与口的行为，就不是一件困难的事，因为它们都受到心的驱策与监督。心是一切行为的根源，你们应该时时维持正念，将心从恶转向善。如此，通过觉察与自制，你们的语言与行为就能获得改善。在戒律的保护下，你也得以轻松自在。

保持自制，注意你的语言与行为，并对自己的行为负责，这就是戒。坚持正念正知，这就是定。这样的定有助于持戒，因此可称为"定共戒"。不过，它仍与戒不同，有其内在与深刻的一面。

在心投入修行，建立起稳固的戒与定之后，你就有能力观察各种内外现象的经验。当心接触色、声、香、味、触、法时，"觉知者"便会生起，清楚觉知爱憎、苦乐，以及各种心所与心境。

持有正念，你就能看见事件在内心生起，以及你对它们的反应。"觉知者"会自动将它们当成思维的对象。在意识的领域中，能分辨一切现象的善恶与是非者，就是智慧。这只是初步的智慧，随着修行的进步，它会更加成熟。这是修习戒、定、慧的第一个阶段。

执取善法的烦恼

修行的过程中，新的执著与烦恼会陆续在心中生起。这意味着你开始执取善法，并且害怕内心的污点与过错，担心它们会影响你的禅定。在此同时，你变得更加精进，喜爱并细心呵护修行。每当内心接触外境时，你便戒慎恐惧。此外，你也会注意别人的过错，包括一些小细节。这是因为你很关心修行。这是修行的一个层次，建立在合乎佛陀基本教法的见解上。

你持续这样修行，甚至到挑剔与批评的程度。你经常对周围的世界表现出喜爱或憎恶，并且对于一切事物充满不确定感，喜欢探讨修行的理念，好像入迷一般。不过，不需要太担心。此时，修得多总比修得少要好。多修行并且留意自己的身、口、意，关于这点，永远不嫌多。

具备基础，持续修行

具备基础之后，内心会生起强烈的羞耻心，并且嫉恶如仇。无论在何时何地，或者在公开与私下的场合，都不会做出伤害自己或他人的事。保持正念，节制身、口、意，以及明辨善恶，都是此时用功的焦点。你专注于这样的方式，毫不动摇，此时的心已经成为戒、定、慧。

如此持续修行，德业自然与日俱增。不过，这样的修行程度还不足以生起"禅支"，它还是太粗糙。虽说如此，心其实已经相当细密——相对于修行粗浅的人而言。对一个尚未观心与修定的凡夫来说，这些已经够细密的了。就像一个穷人，拥有几百元已经算很多，但是对一个百万富翁来说，根本没什么。当你贫困时，几百元就很多了，同样的道理，在修行初期，你或许只能放下一些较粗的烦恼，对于未曾放下并且尚未觉悟的你来说，这已经相当深刻。在这个阶段，你可以从努力修行中得到一些满足。

戒定慧转化提升

果真如此，这意味着你已经进入正道。你正在经历第一个阶段，它很难维持很久。当你的修行更深入与细密时，戒、定、慧会从原地、从原来的素材转化提升。这就像椰子树，从土地吸收水分，再由树干往上送，当水分抵达椰果的时候，已经变成干净香甜的椰汁，而它原本只是地下水而已。椰子树被粗糙的土与水的元素所滋养，它同时吸收与净化，结果将它们转化成比原先更清净与甘甜的物质。同样地，修行从粗糙开始，经由禅定与内观的淬炼，它将变得愈来愈微妙。

心愈微细，正念就愈集中。事实上，当心愈往内集中时，修行就愈简单，你不会再犯大错或严重脱轨。当疑惑在不同情况下生起时，例如不知道应该怎么说或怎么做时，你只须暂停心的活动，努力往内集中，禅定就会愈来愈坚固，智慧也会增加。这时你就可以轻易看清楚状况。

之后，无论从何处着手，你都能清楚看见心，以及与其对应的法。你看见身体需要依赖心才能运作，而心也经常受到外缘的影响。持续内观，智慧就会持续增长。最后你将心与法的思维也抛开——这意味着你开始体会到身体是虚幻不实的，身体的质感渐渐消失。

心的真实状态

现在，检视心的本质，你可以看到在自然状态下，原本是无为的。

就像旗杆上的旗子，或树梢上的叶子一样，原本是静止的。如果它飘动，那是因为受到风的影响。心的自然状态也一样，只是受到爱憎，或其他情绪的影响。心本身是独立、清净与光明的，其自然状态是平静的，没有乐与苦。这就是心的真实状态。

因此，修行的目的就是向内寻找，持续观察，直到找到本心为止。本心也称为清净心，是没有执著的心。它不受外境的影响，不会追逐喜欢或讨厌的现象。此外，它一直都是觉醒的，完全明白它的一切经验。

当心处于自然状态时，不会变成任何东西，也没有什么事可以动摇它。为什么？因为觉醒的缘故。心知道自己是清净的，它已经达到本身原始独立的状态。这是止观双运的结果，洞见一切事物皆是因缘和合所生，没有任何人能主宰它们。

过去，因为贪、嗔、痴的根已经深植于心，当你的眼光触及喜欢或讨厌的事物时，心都会立即反应。你会执著它，并经验乐或苦，时常陷入这样的经验中。通过内观，你将了解，你是受制于旧有的习惯与反射作用。心本身事实上是自由的，却因为执著而有痛苦。这都是因为心不了解自己，缺乏光明所致。心不自由，是受到外在现象的影响。换言之，它缺乏庇护，无法真的信赖自己。

本心超越善与恶

相反地，本心则超越善与恶。当你偏离本心时，每件事都变得不确定，有无尽的生死、不安、焦虑与艰苦在等着你，没有任何止息的方法。

通常如果受到批评，你会觉得很沮丧。在缺乏正念的情况下，接受感官印象的刺激，就像被人刺了一下。这就是执著。一旦有了被刺的感觉，接着就会有一连串的反应，衍生出下一段轮回。但是如果你训练自己，不要在意那些事情，心里就不会有疙瘩。就像有人用外国话骂你——那些话对你来说没有任何意义，因此你收不到负面的讯息，也就不会为此而感到痛苦。

禅定就是把心稳固地集中在一点上，修得愈勤，它就愈稳。你愈勤于内观，就愈有信心，愈容易看出前识与后识的变化。无论发生什么事，心都能保持安定，并且很有信心，任何外力都无法动摇它。心经验到善恶或苦乐，都是因为被外境污染的缘故。境是境，心是心，如果心没有被境污染，就不会痛苦。清净心坚若磐石，它是一种觉醒的状态，一切现象在它看来，都只是四大元素的生灭变异罢了。

虽然如此觉知，不过还是可能无法完全放下。无论能不能放下，都不要让它困扰你。无论发生什么事，都要保持觉醒，坚持信念。通过净信与精进的力量，逐步降伏烦恼，往更深入的地方修行。

超凡入圣

如此观察法之后，心会暂时退到一个较不集中的层次，经典中称此为"逆流"（译者按：须陀洹之人起无漏智，证见正理，永逆生死之流转，而渐趋涅槃之道，故称逆流。）的过程。这表示心正进入超凡入圣的过程，不过它仍处于凡心的范围之内。这样的人，已经修行到某种程度，获得短暂的涅槃经验。暂时退下之后，准备展开另一个阶段的修行，因为他还没有完全断除烦恼。这就像有一个人正要渡河，他清楚知道河的两岸，不过因为无法完全渡过河，所以先退回来。

了解河有两岸，与"逆流"很像。这表示你已经知道超越烦恼的方法，只是还无法到达彼岸，因此，先退回来。一旦你清楚知道超越的状态确实存在，这样的认知在你修行时便会经常浮现出来。你很确定往后的目标与捷径在哪里。

简单来说，这个已经浮现的状态就是心本身。只要如实观察，你就会了解，只有一条路，除了遵循它之外，没有其他方法。你明白这点，并且对正见充满信心；但是，在此同时，你还是无法完全放下执著。

与苦乐保持距离

因此你必须采行中道，亦即清楚觉知苦乐的各种状态，并与它们保持适当的距离。当心执著苦与乐时，对执著的觉知亦随之而起。对于正面的状态，你不需要刻意强调或凸显，即使你正持有它们；相反地，你也不需要鄙视或畏惧负面的状态。这样你就可以如实观心，并随时以等舍（译者按：巴利原文为 upekkhā，旧译为"行舍"，略称"舍"，指远离昏沉、掉举之躁动，住于寂静而不浮不沉，保持平等正直之精神作用或状态。）的中道为心之所缘。等舍在解脱道上必然会生起，你必须逐步前进。

最后，当心完全觉知正面与负面的各种状态时，就可以放下乐与苦，以及喜与悲，抛开世俗的一切，成为世间的觉者。届时，充满觉知的心就能获得安顿，这都是你步步为营，如法修行的结果。你知道必须做什么才能抵达解脱道的终点，而你也持续精进，断除执著。

时时刻刻保持正念，不需要老师耳提面命，或做任何特殊的修行；只要在心执著苦与乐时，清楚觉知这样的执著是烦恼即可。这样的执著是对世间的执著，放不下世间的事物。是谁创造了这个世间？是无明。因为无明，所以我们一直赋予事物价值与名称，并创造"行"。

修行愈来愈有趣

到了这个时候,修行变得愈来愈有趣。只要一有执著,你就会持续注意那一点。你正处于完工的阶段,心不会放过任何一个经验。没有一件事能禁得起正念与智慧的照射。即使心陷入不善法中,你也清楚地觉知,而不会漫不经心。这就像踩在荆棘之上,你当然会试着避开它们,不会想踩到刺,但是有时候你还是会不小心踩上去。当你这么做时,感觉如何?一旦你了解修行之道,你便了解什么是世间,什么是苦,以及是什么将我们束缚在生死轮回之中。虽然你了解这些,但是还是无法避免会踩到刺。心仍然会有喜悦与悲伤,只是不会迷失其间。你继续努力破除内心的执著,以使心能完全出离。

此时,一切外在事物皆被抛开,你只专注于观察身心,观察心与境的生灭。了解它生起之后,就将消灭;而消灭之后,则又将生起——生而复死,死而复生,辗转轮回,生灭不已。最后,你只专注于灭。

内心经过这样的修行与体验后,再也不需要遵循或追求其他的事物。它以完全的正念,觉知一切生起的现象。见就只是见,觉就只是觉,心与境皆如实呈现,不再添油加醋,创造无明的印象。

继续如此修行,逐步降伏内心。无论是否有念头生起,都没有关系,重点在于保持心的觉醒。

戒带来快乐
——于松克朗（Songkren，泰国旧历新年）的开示

> 戒是喜悦之舟，
> 戒是财与宝藏，
> 戒是行舍之筏，
> 愿具清净之戒。

我们今天来此皈依佛、法、僧三宝，发现自己此时坐在这里，时间就一分一秒地从我们的眼前流逝。佛陀教导我们："日夜无情地流逝，我们是否善用时间？"这是佛陀的叮嘱，他谆谆告诫我们，要好好观察自己。不过，仍然有一些佛教徒，不知道自己曾经做过什么，或正在做什么，或即将做什么。无论是缺乏正念地消磨时间，或不在乎行善与作恶，或不知道自己的行为与动机是善或恶，这些都不对。虽然如此，还是很少有人思维或察觉此事。

依照旧历而言，今天我们又过了一年。事实上，我们不需要太在意过去的一年，也不需要用星期天、星期一与星期二等时间的尺度来思考。我们只要想着从今天开始，无论它是哪一天。一年有12个月，从哪一天开始都没有关系。虽然这不符合世俗的习惯，不过事实就是

如此。

我们依照传统，选择这个时节在此相遇。这是一年的结束，这一年来我们大家都努力地修法，我们将因为诚实与戒律而得到喜悦与和谐。在一个团体或大社会中生活，我们将因为修行戒与法的功德，而感到快乐与满足。

恭敬与谨慎

我年幼时，在这一天，村中的长辈会带我们到其他地区，进行所谓的"换水"。我们会饮用同样的水，并对着同样的水发誓，保证对每一个人都要诚实与正直。例如，在这个地区、这个城镇与这个省份，我们会说："虽然我们居住在不同的村落，关心的事也不一样，让我们以众人的快乐为共同的目标，让我们都坚定地活在美德与性灵中。"我们用这样的方式建立互信，确保自己忠于上司，包括村庄、国家、宗教与皇族等。它的目的是灌输恭敬与谨慎的观念，对每一个人都抱持觉醒与谦虚的态度。如此，我们的村庄与国家才能有平安与快乐的生活，因为有戒法（sīladhamma），即身、口、意的正直行为的缘故。这样一来，大家才能和睦相处。

如果我们缺乏诚实与正直——嗯！只要看看最近我们周遭发生的事，随便瞄一眼，你就会发现：同一个村子里的人彼此争吵，同一对父母生的小孩相互争执，同一个国家的人民相互斗争，这都是起源于妄想。我并非指责任何人，只是因为妄想才会发生这种事。事实上，有许多兄弟姊妹，盲目地互相口角、争斗甚至残杀，为什么会这样？因为邪见。人们缺乏正确的知见，没有想到美德与性灵的意义。

佛教的科学

因此，尊贵的导师创立了佛教。它可以被称为佛教科学，是一套优于其他知识的完整体系。我们所学的世间学问，即使读到博士学位，依然未达究竟。这些学问都是有限的，存在于贪欲与执著的领域，会带来痛苦。这种知识名为科学，但它们无法帮助我们解脱苦。不过佛教科学却迥然不同。在佛学里，如果学得正确，我们会学到解脱、放下与止息。如果某件事有害，我们会学着去看那个害处。我们学习放松与放下，学习舍，这就是佛教的科学。

佛陀的教法从各方面来说，都是真实与正确的知识体系。它必须被教导，因为它不会自己来到我们跟前。这套知识无法被转换为其他概念，不过它的有效性却是毋庸置疑的。例如，佛陀说善有善报，恶有恶报，这是不变的法则。它是确定的，是出自清净的智慧，因此，可以称它为实相。不过，还是有人认为行善不一定有善报，他们可能有修善法，但是却没有得到好处。"我有行善，为什么得不到任何利益？我们可以看到许多人，做坏事却得到好的结果，而许多人做好事，却一直在受苦。"

如实观

这是真的，不过却是邪见范围内的错误理解，并不符合实相。如果我们真的能够如实观，就会了解佛陀的教导是不变的法则。佛陀觉悟的一切实相，都是不变与确定的。实相就是实相，只是因为人们的误解，它才会变得不真实。

例如，A先生因为某项罪名被逮捕，他是完全无辜的，不过却没有任何有利于他的证据。警察举出一连串不利于他的证据，而唯一有利于他的证据只有他自己的觉察与正直。在这种情况下，他不可能赢，因为他无法证明其他证据是错误的，最后只得去坐牢。虽然如此，他还是对的，只有他的身体被监禁，他的心并不会受到捆绑。

如果这件事情发生在我们身上，我们可能会觉得十分冤枉与沮丧；但是根据佛陀的观点，根本没什么好冤枉的。如果发生这样的事，我们明明没有错，却必须付出痛苦的代价，那一定是过去的业出了问题。虽然我们今天没有犯错，但是并无法保证昨天，或过去没有错。我们可以推论过去一定做错了什么，现在才必须承受苦果，因为事出必有因。所谓无风不起浪，一切现象的发生都有其原因——如果能够如此思维与处事，则生活必可悠然自得。

相信并实践佛法

要找到真正像这样相信佛法的人很少。例如，二十多年前，我与在家居士以及出家弟子共同创立这座寺庙，你们可能都听过巴蓬寺[1]的历史。这些年来，我们历经万难，建立这座寺庙，全仗人们对于实相的信念与无畏的勇气。这不只是口头说说而已，我们许多人身染疟疾三年，无法获得治疗。我们经常缺少蜡烛、电池与灯油。过去这里的蛇与毒虫比现在更多，因此，我们晚上行走时，都会念诵慈悲偈与庇护偈。如果必须死，就死吧！如果还能活，就再活。我们就是抱持这样的态度。因为我们遵循的是正道，并且我们相信自己的心。

因此佛陀教导我们，要深入观察、觉知与训练自己。不要急着训练别人，应该先管好自己。如果别人说我们好，那不是我们衡量自己的标准；如果别人说我们不好，那也同样不能作为标准。不要因为别人的说法而高兴或沮丧，向内观，并找出内在的实相。当他们说我们不好时，到底哪里不好？是否真的有什么缺点？如果有错，赶紧更正。应该放下错误，而不是为别人的说法难过。如果他们的说法不确实，别放在心上，是他们看错了，你对自己的行为仍旧充满信心。

你应该相信自己，而不是随着外界的赞颂或批评起舞。无论别人的说法对或错，都别在意。如果事情是对的，你有什么好沮丧或争辩的；如果它是错的，你又怎么能沾沾自喜呢？如此一来，你就不会患得患失，而心将会因为修行而得到喜悦与满足。故经云："戒是喜悦之舟，戒是财与宝藏，戒是行舍之筏，愿具清净之戒。"

五戒是基本道德标准

我们应该思维这点，了解五戒是做"人"的基本道德标准。你们在家弟子，曾经立誓守五戒吗？你们真的下定决心了吗？好好想一想。这是真实与美好的事，但是有些人却说："我做不到，因为世间法与戒法格格不入，社会将迫使我犯戒，我必须随顺社会的行事法则。"

从我见过与接触过的人来看，如果人们拥有快乐的生活，他们多半不会对修行感兴趣。只有那些年老体衰的人，我才能够真正与他们沟通。只有弱势者才会前来此地，并愿意持戒；那些时髦的人看不出它们的价值，因此不觉得有持戒的必要。就是这样，我们的社会才会有愈来愈多的麻烦、冲突与不幸。

这就像一块火红的木炭，我们以为它不烫，但是接触之后才知道烫。中间有些误解，它当然是很烫的。今日的众生就像这样，是炽热与不安的。看看你周遭的人，看看老师和他们的学生，看看父母和他们的子女，看看领袖与人民，彼此之间都潜藏着许多问题。为什么？没有人知道。只因为我们缺乏戒律，缺少诚实与正直。当每个人都像这样时，就只有恼火。这个火是地狱之火。生活在地狱般的环境里，人们犯下各种恶行，成为地狱众生。这就称为活地狱。

德行不灭

失去诚实与正直——它们可以说已经遗失大半——因此到处都充满混乱与冲突。这都是戒与法沦丧的结果，取而代之的是追求欢乐与刺激。美德一直流失，苦难与麻烦则一直增加。不快乐的情况出现，我们却找不到解决的方法。"我们应该怎么办？到底发生了什么事？"这就是世间的情况。

戒与法都是真实与正确的，其中没有任何瑕疵。不只穷人可以修行，富人也可以修行，各种人都可以修行善法。这个善就像人类的脊骨，是生命的中枢。以善法为基础的人生，将会发出灿烂与尊贵的光芒。我们不需要担心行善是白费工夫，即使死后，我们所创造的功德仍会留在世上。这是我们可以观察得到的事情，德行不灭，我们的子孙仍可保有它。当其他人遇见我们的子孙，或与我们有关的事物时，他们将会联想到我们的美德，而心生喜悦。以这样的方式，我们仍然可以庇护与协助世人。

慈、悲、喜、舍等"四梵住"（brahmavihāra），是觉醒的基础。我们应该以慈悲心，平等对待一切众生，不能因为他不是我们的亲友，就不关心他。事实上，我们生下来就都是亲戚与朋友，没有"外人"。虽然来自不同的城市或省份，但我们就像稻谷一样，都是源自同一株植物或同一块田地，当它成长与增生后，就会散播到其他地方去。一颗谷粒长成一株植物，一株植物再长出许多谷粒……虽然传播得又广又远，但它们都是源自同一棵植物。

我们人也一样，源自共同的祖先，之后才分道扬镳，散布到四方。流传久远后，我们开始忘了自己的起源，因此遇见其他人时，才会认为和自己没有关系。当我们去到其他村落时，心想："这不是我的家乡。"事实上，我们都是生、老、病、死的亲属。因此尊贵的导师才会教导我们，将心转向法，并以法为我们生活的基础。这意味着我们应该彼此互助，没有例外。无论谁在受苦，或谁有困难，我们都应该尽力帮忙。请如此思维，并试着这样去做。共同生活在这个世上，我们应该视对方为父母、亲属或子女，只因为失散多年，所以我们才忘了自己是谁，开始像动物一样彼此斗争。这都是因为遗忘的缘故。遗忘成了彼此争吵、对抗与伤害的原因。其实我们都是一体的，都是亲属或兄弟姊妹。

无量的慈心

让我们以如法的慈心对待众生。当你遇见女性长辈时，应该想："这是我的母亲。"当你遇见男性长辈时，则应该想："这是我的父亲。"如果对方稍长于你，则视他们为兄姊。像这样，每个人都是你的父母、兄弟姊妹或子女。请努力建立这样的态度，并平等帮助一切众生。

慈就是爱。爱有两种，一种是选择性的，即有目的的；另外一种则无所不包。在第一种方式中，我们只爱自己，以及与我们亲近的人，不关心自家以外的人，对他们毫无兴趣。关心自家人是好事，但是太狭隘了。它也是爱，不过不是"梵住"的爱。佛陀希望我们拥有无量的慈心。无论人们来自何处，我们都应该同样关心，无论亲疏远近，都应该给予相同的爱。如此，我们平静的心，才可以包容无量的法。应该让它成为一种自然的反应。

我们人类，无论处境如何，都一起生在这个世间。因此，当其他人在受苦时，我们不可能独自享乐。例如，当有人挨饿时，我们不可能独自囤粮，我们毕竟和动物不同。如果你丢一团饭给一群狗，它们不会想到要分享，只会冲上前去抢夺，因为它们只知道自己的饥饿。强者欺凌弱者，打输的就落荒而逃。如果你希望平均分配，就得将食物搓成小球，撒在它们的周围。这时，每一只狗都有各自的进食范围，就可能不会争吵。人类也有这样的倾向。

为什么现在的社会日渐腐化？因为缺乏无量的慈心。我曾经见过一个村子，村里的小混混先是抢夺邻村，最后则在自己的村庄偷窃。于是，村里的长者将他们聚集起来，教导他们："喂！年轻人，不要在我们的村里偷窃。要偷的话，到远一点的地方偷，去其他地方，不要在这里偷。"他们是这样教小孩的。唉！长者非常重要，他们是智慧的宝库，却竟然说出这样的话。事实上，他们非常自私。如果其他村里的长者也这样教他们的小孩，情况会如何？"这是我们的家，不要在这里做。"我们都以为长者具有智慧，不过这却是黑暗的智慧，完全违背法。它们只是对少数人狭隘的慈心而已，可人们的倾向就是如此。

如果生活缺少法，我们就和动物没有两样。也许像鸡一样，只会吃饭、睡觉与生育。人们养鸡时，只是一味地喂它，而且只有一个目的。鸡则毫无概念，高兴地被喂食。主人每天喂它，然后称重："两公斤了没？三公斤了没？"鸡还以为主人爱它，因此常常将它抱起来。最后，市集的日子到了，然而鸡还是一无所知，像往常一样轻易地被捉住，然后被放在后车厢——哦！坐上卡车多好玩，以前从来没有经验过！即使被卖掉，上了砧板，屠夫用刀抹它的脖子时，它还在享受按摩的乐趣呢！

以法为食

如果我们没有法，只是怀着嫉妒与恶意生活，社会将永无宁日。生长在这种环境里的小孩将很难教导，在家里进行沟通既困难又紧张。这都是因为缺乏法的缘故。但是愚蠢的人却会问："法能吃吗？你能从寺里得到什么？你带回什么？你得到的法在哪里？它能喂饱你的家庭吗？"事实上，没有尝到"法味"的话，我们就只会自找麻烦。真的尝到法味的人，只想单纯地持有法，并根据法来生活。那是一个正直而喜悦的人。这才是正确的方式，不会在事后懊悔。这才叫做"法食"。如果不以法为食，社会就不得安宁，只有冲突与斗争。

无论去哪里，你都不应该骄傲与固执。你可能不熟悉某些地方的方言与习俗，不过，无论如何都不要摆出臭架子或自命不凡。不了解别人的做法又自以为是，只会让你一事无成。

举阿姜曼（Ajahn Mun）为例，他在巴托（Pak To）的山地部落间修禅。有一天他坐下后，一个村人前来问他："小子，你从哪来？"

"我从乌汶（Ubon）来。"他回答。

"那么，小子，你吃过了吗？"

"是的，先生，我吃过了。"

村人以略带轻蔑的语气，随意地谈话。那是我们一般认为不太礼貌的方式——尤其是对出家人而言，但是村人却认为这是最佳的谈话方式。如果我们不了解他们的习俗，可能会因此而生气。如果村人问我们："小子，你从哪来？"我们可能会觉得受辱而不想回答，我们的喉咙会变僵。不过阿姜曼却不然，他了解人们的内心，而我们却无法像他一样。当有人用这样的方式和村民说话时，他们并不以为忤，在他们的生活圈中，这是最佳的说话方式。但是对于不了解这个习俗的我们来说，可能会因此而感到气愤。

最近我一直在思考一件事。我到各地去演讲，也有许多人来此。在成千上百的人之中，可能只有四五个人真的在用心修行。因此，我喜欢对小团体谈话，如此更容易教导与劝诫那些真正具有净信者。如果 1000 人中，只有大约 50 个人具有正念并努力修行，这样成不了什么事。这就和你的工作一样，当你在田里工作时，连续好几天辛苦地插秧，祈求来年能丰收。但是，如果有人一路跟着你，把你插下去的秧苗拔出来，无论种下多少，一律被他拔掉，这样还能有什么作为呢？明天你再种，他再拔，你能成功吗？它能创造出利益吗？当你回头看见有人在破坏你的工作，把你插下去的秧苗拔出来，丢在地上，你会怎么做？你的辛劳有何代价？我们已经来日无多，为什么要让那些愚痴的人困扰我们呢？

戒带来快乐

佛陀说不要做无益的行为。"戒带来快乐"是真的，但是人们却不快乐。如果我们试着谈论戒与美德，人们就避之唯恐不及。近来在这个社会上，想成为一位道德高尚的人，似乎颇为困难。但是，如果人们真的有在行善积德，并且具有净信与成熟的心智，他们就可以深入思维法，具备放下的智慧，进行有效率的修行。

"戒是宝"，一切财富与享用皆源自戒律。除了财富的宝之外，还有眼、耳、鼻、舌、身、意的宝。我们现在拥有的一切事物都是宝与成就，它们都是从过去的戒行——戒宝中，衍生出来的。

我们过去所认为的宝，只是眼睛看得到的财宝，诸如金钱、财物、珠宝与黄金等，而没有考虑到我们自己的眼睛、耳朵、鼻子与身体。试想，如果这些肢体与感官不是一个整体，我们如何享用物质的财宝呢？我们应该好好照顾自己，应该关心我们的眼睛、耳朵与四肢，而非钱财。如果有人拿几千元买你的手臂，你愿意切下来卖给他吗？或者有人拿一万元换取一个眼球，你有兴趣吗？它们对你的价值是什么？你是一个整体，因此得以受用戒所带来的各种财宝，这是你不曾想过的事。身体是从戒律生出的财富，但是我们却看不见这些财富。

请用心思维这点。在座者中，可能不乏"半人"或"四分之一人"。日夜不停地流逝，问问你自己："今天我做了什么？是具足正念或漫不经心？我是怎么进行工作的？现在究竟是怎么一回事？"我们每一个人都需要如此反省。唯有如此，才可能解决自身的问题。不要急着想解决别人的问题，先审视自己的问题。如果你无法管好自己，你怎么帮助别人？只有先解决自己的问题，你才有能力帮助他人。也许他无法善用你的帮助，你也无须沮丧。你还是保持平常心，因为你并没有任何损失。

佛陀如此教导我们。因此，戒可以说是诸法之母，就像呼吸对于身体一样。如果呼吸中断，我们还能存活吗？戒就像这样，用来净化身与口的行为。我们可以说戒占了解脱道的五成，当然它还需要其他法来配合，尤其对于一个口是心非的人来说，单靠戒是不够的。不过，为了达到道、果与涅槃的目标，还是必须将戒列为首要。

第三章 修法

因此，我们的标题是"戒带来快乐"。

世尊鼓励他的弟子们修持净戒。一切法，一切善与高尚的事物，皆是由戒所生出，就像我们是由父母所生一样。每次新年，我们都谈到这点，因为它是孕育以及生出善法之母。不过，人们却不怎么信赖它。

真实悟法

如果人们能够实际修行并觉悟这点，让实相扩散内心，那就是无上的功德。我会很高兴看到人们像这样真实地悟法，并且我会觉得，这样才没有辜负这个难得的人身与难闻的佛法。但是，如果一个人具有一切知识概念，就像我们多数人一样，却不去实行，那又有什么用？

请了解这点，我们今年只聚会这一次。要等到明年此时，我们才会再聚在一起，举行传统的新年庆典。但是，这并不确定，不是吗？我们无法确定今年在此庆祝的人，明年的新年还会出现在这里。简而言之，我们无法对任何人抱有任何希望，下次我们就可能无法再和人一起泼水了。为什么？因为事物不停流逝，无常不断追赶与迫害我们。

因此，让我们所有佛教徒远离没有意义的活动，积极行善。尚未生起的善法，要努力令它生起；已生起的恶法，即使只有一点点，也要努力断除。如果我们具有大美德，应该持续令它增长，直到脱离轮回为止。在修行戒与法的过程中，愿你们都能得到三宝的庇佑与支持。希望你们都能快乐与长寿。也希望你们的修行，都能带领你们离苦，获得涅槃。请提起正念，不要放逸。

今天，我已经说得够久了。我只希望提醒你们，现在就修行。你们应该下定决心好好修行在此巴蓬寺所学到的戒与法，以作为亲朋好友的榜样，这是难得的福分。现在，我祝福大家都能如愿。

第三章　修法

修习禅定

入出息念——内观禅定学会闭关讲座[2]

我想问问你们修行的情况,你们都已经修行一阵子了,对于自己的修行确定吗?近来,周遭出现各种禅师,因此我担心你们可能会无所适从。事实上,没有比你们正在修行的内观更高的法了。如果你们对它有清晰的了解,它将为你们带来平静。

让心平静即是所谓的"定"(samādhi)。心是非常善变与不稳的,你们注意到了吗?有时候,坐下来修禅时,心没有一刻是安定的;有时候,坐下来,用尽一切方法,心还是静不下来,它一直想逃开。有时还不错,有时则糟透了。心以各种面貌呈现在你的眼前。

你们应该了解,八正道的每一支都离不开戒、定、慧,只能从这里面去寻找。换言之,为了圆满修行,一定要有节制、专注与内心的洞见。因此,修禅是创造解脱之因的捷径。

坐禅时,你们常被告知要闭上眼睛,如此才不会被外界缤纷的万象所影响。闭上眼睛时,你们的注意力自然会转向内心,那是各种知见的源头。静坐,眼光内敛,并专注于呼吸。觉知呼吸比什么都重要,专注于入出息念，久而久之，你就会掌握觉察的焦点。当戒、定、慧一起运作时，当下你就能看见呼吸、感受、心与法。最后，达到止观双运的境界。

出入息念

修定时，集中注意力于呼吸，想象你独自坐着，没有任何事物会干扰到你。扩大这样的想法，直到心完全放下外在的世界，只剩下呼吸的进与出。心一定要远离外在世界，不要想到旁边还有什么人，不要让心有扰动的机会，最好将它们完全抛开，空无一人——只有你独自坐着。扩大这样的想法，直到一切人与事的记忆与思想完全褪尽，对外界丝毫不感兴趣，只专注于入出息念。正常地呼吸，让入息与出息自然进行，不要强制它变长或变短，变强或变弱。保持呼吸平顺，看着它进出身体。

心放下外在事物后，你将不再受到外面噪音的影响，不会被外界干扰。无论是形色、声音或其他外在事物，都不会成为影响你的因素。因为心不再注意它们，它只专注于呼吸。

如果心受到扰动而无法集中，试着深呼吸。先把肺吸满空气，然后完全吐出，几次之后，再回到原来的禅修上。调整一段时间后，正常的话，心会重新恢复平静。不过，它一定会再度跑开。当这样的情况发生时，把心再拉回来，深深地吸气，然后把肺部的空气完全吐尽，再吸气，重新回到入出息念上，再度专注于吸气与吐气。

解脱外在束缚

技巧纯熟之前，一定要先下一番工夫。最后，心一定能摒除外缘，安定下来。当外缘进不了你的心，无法妨碍它时，你就能看见心。心是觉察的对象之一，其他还包括呼吸与法，它们都将呈现在觉察的范围内。集中在你的鼻尖，正念则专注于入出息上。如此修行，你将渐入佳境，不只心安定下来，原本粗糙的呼吸也会变匀细。身与心都能放下外缘，感到轻安。

此后，觉察由外在世界，转而向内心集中。心集中后，保持觉察于集中的点上，你将清楚地看见呼吸的进与出。正念将更敏锐，也将更清楚觉察内心的对象与活动。此时，你将看见戒、定、慧的特征，以及它们融合的方式。当这些觉支合而为一时，你的心就能远离一切扰动的形式。它会集中在一点上，这就是禅定。当你的焦点集中时——此处是集中于入出息念——你就能因为正念的力量，而获得洞见与觉醒。你持续清楚地看着呼吸，正念会增强，心在各方面也会变得更敏锐。你将在呼吸之中，看见集中于一点的心。外在世界逐渐脱离你的觉察，心也不再对外界作出反应。

如实觉知

你就像回到自己的家一样，一切感官机能都集中在一起。你感到自在，心已经解脱外在的束缚。觉察一直跟着呼吸进出，愈来愈深细，最后几乎觉察不到呼吸。你可以说，是对呼吸的知觉不见了，或者也可以说，是呼吸本身不见了。换言之，呼吸已经细到难以察觉。

事实上，呼吸仍然还在，只是太细了，就像消失了一般。为什么？因为心也变得太细了，只剩下纯然的觉知，一种非常特殊的觉醒状态。虽然呼吸不见了，心仍然清楚地觉知它不见了。持续保持这样的觉醒。

此时，你可能会开始怀疑，因为会出现所谓的"瑞相"（nimitta，或译"定相"与"似相",修禅定时出现的征兆或心灵景象)。它可能有很多种,包括各种影像与声音。在这个修行的阶段,会发生很多意想不到的事。如果真的出现瑞相——不是所有人都会——如实觉知即可,觉知它们也是无常的现象。不要怀疑,或让自己陷入惊慌。

这个时候,你应该保持内心安定不动,并且格外觉醒。有些人察觉呼吸不见后,会很震惊。当呼吸消失时,你会痛苦,甚至害怕自己是否会死掉。因此,你必须了解,这是修行过程的自然现象。观察呼吸消失的感受,并且继续以此作为禅观的对象。佛陀称此为最坚固与不可动摇的禅定形式,它也只是心的一个坚固的对象。当你达到这样的境界时,你将会察觉心中许多不寻常与微细的改变与转化。身体会变得很轻,甚至完全消失,你会觉得自己像是漂浮在空气中,完全没有重量。你会觉得自己好像位于太空中,并且对应不到自己的感官。

制心一处

当你继续修行时,你应该了解,没有什么好担心的,把心安立在轻松与安全无虞的状态。一旦制心一处后,就没有任何事物可以影响它,你可以想坐多久,就坐多久。可以自在地维持禅定,没有任何痛苦或不舒服的感觉。

修习禅定到这个层次,你将可以随心所欲地进入或离开。你是在轻松自在的状态下离开,而非因为疲累或厌倦。这就是禅定,放松而舒适,你可以毫无障碍地进入或离开。如果你真的拥有这样的禅定,只要坐禅 30 分钟或一个小时,你就可以维持好几天的平静与祥和。达到这样的禅定境界具有净化心灵的效果,你所经验到的一切事物，都会成为禅修的对象。这才是真正修行的开始，它是禅定成熟的结果。

禅定有安定内心的作用，戒、定、慧都各自有其作用。修行的各个层面彼此联结，形成一个循环。一旦心静下来，智慧与禅定便会彰显出来，它就会更加自制与沉着。这种情况出现后，便能为净化行为注入力量；行为愈净化，禅定的力量也会更强与更深细，接着智慧也会更加成熟。它们就像这样彼此支持，每一种修行都是其余二者的助缘。最后，它们都成了同义词。

这三者彼此相互提携，形成一个完整的循环，即是"道"（magga）。道是持续而一贯地修行三者的集合。好好守护这个能量，它是产生"观"（vipassana）的能量。到了这个阶段，智慧会在内心产生作用，无论心是否安定，智慧将为你的修行提供一贯的动能。你了解当心不安定时，你无须执著于它；即使心是安定的，你也不应该执著。放下这种负担，心将更加轻盈。无论你经验到喜欢或讨厌的情况，都可以保持自在。心就是这样维持安定。

出禅之后

还有一点很重要，必须要了解，结束正式的禅修之后，如果智慧不起作用，你可能因此而放弃修行，不再内观、觉察或完成其他训练。因此退出禅定之后，应该清楚知道自己已经退出，接着即以平常心处事，于一切时中都保持正念。修定不只在保持坐姿时，禅定的意思是指心稳固不动。当你活动时，让心维持稳定，并且以正念正知随时保持心的稳定。无论遇见喜欢或讨厌的情况，都如实觉知它们是无常与不确定的，以这样的方式保持心的镇定与平常。

有两种平静，一种是由禅定引发，另一种则是由智慧引发。禅定引发的平静仍有烦恼，这样的平静是借由隔离心与境而来。当心没有接触外缘时，可以很安定，你可能因此而贪取禅定的喜悦。不过，当感官刺激生起时，心很快就动摇了。它害怕乐或苦、称赞或诋毁，害怕色、声、香、味、触。只通过禅定获得平静的人，害怕一切事物，不想牵涉任何人与事，因为他们害怕心受到干扰。这种人只想躲到安静的地方享受禅乐，不想离开。

这种禅定隐含许多痛苦，人们发现自己很难脱离它，与人相处。他们不想看或听任何事，一点也不想接触外界。他们只想选择一个偏僻安静的地方住下来，以避免与人交谈，受到打扰。

由止起观

单靠这种平静无法成事，如果你已经达到必要的安定，就应该先退出，以它作为观想的基础。观想禅定本身的状态，将心与不同的外境联结起来，并作反省。由止起观，观察色、声、香、味、触与法，思维无常、苦与无我等三项特质。

当你充分观察后，便可以再次入定。你可以通过坐禅，重新进入，然后再以新的定境进行观察。以禅定训练与净化内心，并挑战它，当你的正见增长后，再用它来对抗烦恼。如果你只是入定并待在那里，将得不到任何洞见，你只是让心安定下来而已。不过，如果你由定起观，从接触外界的经验开始，这个禅定将逐步深入内心，直到它体会到最深奥的涅槃为止。

由智慧得到的平静与禅定所得不同，因为当心出定时，智慧可以让它不畏惧色、声、香、味、触、法。也就是说，出现感官接触时，心很快就觉知正在发生的事。接触外境时，你可以很快就抛开与放下，因为正念够敏锐的缘故。

了解心的力量

当你像这样训练心时，它比你只修定时更加微妙，心变得更强而有力，并且不再逃避。带着这样的能量，你将无所畏惧。过去，你害怕经验事物，不过现在你了解它们的实相，因此不再害怕。你知道自己心的力量，因而可以不怕。无论眼睛见色，或耳朵闻声，你都可以进行思维。你对于万法的思维，愈来愈娴熟，并且对修行愈来愈有自信，因此可以勇敢面对任何情况。无论是形色、声音或其他，你都可以在它们出现时，立刻就认出它们，并迅速放下。无论是什么，你都可以放下。你清楚地看见快乐与痛苦，并任由它们离去，无论在哪里看见，你当下就可以放手。持续放下，当它们生起时便抛开，因此没有事物可以停驻并左右你的内心。你放下它们，以维持内在平静。一切现象此时已无立足之地，不能影响到你，这就是内观的力量。当这种觉醒在你的内心生起时，这样的修行就可以被称为"内观"，它是对事物清楚而如实的认识，是最高层次的平静。

今天晚上我们一个小时的共修，现在暂时告一段落。你们的内心可能已经完全停止修行，并且不再继续反省。这并不正确，我们停止的只是禅坐的形式，而非禅修。

维持内在止观

随时维持内在的止与观，就算是散步以及看见地上的落叶，也能提供我们思维无常的机会。我们和叶子一样，老了，就会凋零与死亡，其他人也和我们一样。我们应该像这样，无论行、住、坐、卧，都努力提升内心思维与觉醒的层次。这才是正确的修禅，随时随地都仔细看顾当下的心念。

我常说，如果你的修行没有连贯性，那就像是水滴，而非滔滔不绝的流水，无法维持均衡的正念。重点在于心，是心在运作，而非身体或其他事物。如果你清楚了解这点，你就会知道，内心的禅定不一定需要禅坐的形式。

明白这点之后，你在任何时间、任何姿势，都可以训练觉察。如果你持续持守正念，则所有小水滴都会汇聚成一条平稳的河流。正念分分秒秒不断显现，对内心万法的觉醒也随之而生。如果内心的正念不断，随时保持自制与安定，你就会清楚知道善与恶的生起，并且会知道心是处于安定或混乱的状态。无论去到哪里，你都持续在修行。如果你这样修心，你的禅修将可以进展快速，达到圆满。

请不要误会，最近很流行为期几天的闭关，在那里禁语，除了禅修之外什么也不做。也许你完成了一两周的密集修行，然后重新回到平常的生活。你可能认为自己已经"完成内观"，因为你觉得你知道那是怎么一回事了，然后又再恢复从前纵欲的老习惯。当你这样做时，会发生什么事？不用多久，内观的成果就会荡然无存。如果你做了许多蠢事，大肆挥霍，然后隔年再回来，进行另一次为期几天或几周的闭关，出来之后又继续吃喝玩乐，这样有用吗？这绝非心灵成长之道。

正确的修行之道

因此你需要思维，直到你了解这种行为的弊病为止，这也正说明出离的重要。看看饮酒与出城作乐带来的伤害,想想积小恶为大患的后果,这将有助于你却步与改变。接着,你才能得到真正的平静。你必须看清这些行为模式的弊端与陷阱,才能了解心的平静是什么。这才是正确的修行之道。如果只是闭关七天,在那里你不需要说话或接触任何人,之后,在其他时间里,则纵情谈话、闲聊与玩乐,你如何得到那七天禅修真实而持久的利益呢?

我鼓励你们所有人试着了解这点。这么说是为了帮助你们看清以往的陋习,如此你们才可能放下。你们可能会说来此的原因,是为了学习如何避免未来再犯错。犯错会怎么样?它会带给你苦恼,使内心失去善法,这绝非寂灭之道。事实就是如此,但是许多禅修中心并没有掌握住这个要点。真的,你必须维持日常生活一贯的安定与自制。

这是对你们所有人的提醒。在此我要请求你们原谅,你们有些人可能觉得我是在骂你们——"这个老和尚又在唠叨了!"——不过不是这样。只是你们可能需要提醒,因为禅修的过程中,你们经常需要把注意力放在修行上。请努力维持一贯的修行,想想不连贯与不认真修行的弊病,并尝试保持一贯的修行热诚。如此,你才真的有可能断除烦恼。

身念处——与戒子之谈话

这些僧袍是佛陀的标志。想一想,明天你们就要去村里托钵了,人们会很欢喜地供养与顶礼你们。即使是老人,发已灰白、背已佝偻,也将礼敬你们。为什么?因为僧袍的力量。这些僧袍代表无上的力量,如果你们没有正确地使用,村里的人们会认为你们迷失了内心,"疯狂"将会是他们对你们唯一的看法。

出家进入僧团，有许多话可以对你们说，但是今天我不想谈太多。我将遵循从前老师对我们的教导方式，鼓励大家修习禅法，尤其是关于头发、体毛、指甲、牙齿与皮肤的五支禅。只谈它们，这看似游戏或玩笑，但是如果仔细思量，它们却极深奥。

我们来此学禅，而禅就是这五支：尊贵的头发、尊贵的指甲……它们被称为根本禅。这五支禅从出生就有，并且一直跟着我们，只是我们没能认出它们。因此有必要学习这五支根本禅，以作为进入解脱道的基础。研究根本禅并思维它的意义，有助于你们建立正见。有些人抱怨他们早已知道它，并质疑为什么需要学习这种东西。事实上，他们并不知道，他们并不真的知道自己的指甲与头发，他们没有如实地看见它们。习禅者常听到这样的话，但是却不为所动。

头发是从头皮生出来，并由体液所滋润，体毛与指甲也一样。它们没什么好令人着迷的，当人们装扮它们时，他们是背离实相而行。只有不美的东西，才需要掩饰与装扮。你看过他们如何在禅堂装扮即将出殡的尸体吗？在这里我们可以清楚看到，人们试图把不美与不净的东西装扮得好看一点。

事实上，这个身体是不净的，认为头发很美是一种迷惑。头发怎么会美丽呢？它是干净的东西吗？头发不会自然呈现美丽或干净。把一撮"美丽"的头发放在人们的食物中，他们会喜欢吗？谁会想吃它？

不净实相

把头发放在地上，谁会去捡呢？在托钵的路上，如果你看见一些皮肤或头发，你会被吸引而想去捡吗？这就是它们的实相。但是人们却想尽办法装扮它们，这只会让我们更加迷惑。

我们很容易被迷惑，不知道头发与指甲的实相。因此，出家时，我们就被告知它们的本质：发毛是不美的、指甲是不美的、牙齿是不美的、皮肤是不美的。它们都被说成是不净与不具吸引力的。但是人们却总想去美化它们，我们因此而被愚弄了。

看不见它们的实相，我们就看不见佛，这些东西阻碍我们见佛。因此，有必要澄清我们的知见，想想它们，深入思维。你可以坐下来，重复念诵并思维："皮肤……肤肤肤……皮肤包覆身体与里面的所有东西，剥下皮肤后，我们会看见什么？有谁会想接近我们？"剥下皮肤后，只剩下肉贴着骨头，小沙弥会吓得夺门而出，一刻也无法停留。因此，哪里有美？彻底检视这五者，你将会了解它们真的不美，你将对它们失去兴趣，而信赖这五支禅。

饵与钩

但是人们很容易被误导，我们被世间所依赖的装饰与美化所欺骗，包括发型设计、皮肤化妆、指甲美容与牙齿漂白等，每一件事都经过包装，让原本不美的事物变得吸引人，这就是迷惑的因。你如果没有看清楚，就会被愚弄。就像一条鱼，你看过鱼吞下鱼钩吗？事实上，鱼不是吃鱼钩，而是吃饵。如果它只是看见鱼钩，它就不会咬下去了。它没想到会吞下鱼钩，因为被鱼饵诱惑的缘故。当它咬下去时，就被钩住嘴巴，无法挣脱了。

我们人也一样，被毛发与指甲所诱惑。我们不应该贪著它们。为什么你会想要这些无常与不确定的东西呢？执著这些事物者，都被迷惑了，认为它们是美好的，就像鱼吞下鱼饵一样。

鱼不知道它在做什么，它明明是吃饵，但是最后却被钩住。接着，无论如何拼命，都无法挣脱，它被捕了。发毛、指甲、皮肤与牙齿，也用同样的方式困住我们。一旦我们贪著它们，哦！当我们最后终于了解是怎么一回事时，已经很难逃脱了。届时我们可能会想出离这个世间，但是我们会担心我们的子女、财产，以及充塞于身边的各种事物。最后，我们只能坐困愁城，直到死亡。

我们就是这样被迷惑了，就像鱼被饵所迷惑一样。我们被困在这个世间，因为我们认为那五样事物是迷人与美好的，所以一辈子都爱恋不舍。事实上，这只是小事，没什么大不了，就和钩住鱼嘴的钩子一样小。请想想这点。

因此，当你们出家并如此研究法时，你们可以很自在。即使你们因为某些原因脱下僧袍，你们也应该谨记这点，并谨慎行事，记取鱼钩的教训。无论你是出家或在家，它都能带给你平静。现在时间快到了，不过没关系，不要分心。思维这些事情，这是你们应该学习与了解的，同时也让你们有所警惕。人们肆无忌惮地行事，因为他们不了解这个事实。这是一个你们应该学习的简短禅法。

禅定体验

过去我对禅定有些疑惑。我记得有一次我尝试越过一道障碍，好像要前往某个地方，来到一个定点后，发现前面已经无路可走；另一次，则像是碰到什么东西，所以我停下来，再试一次，还是会碰到，一次又一次，不断碰壁。最后，我因为害怕而放弃。

在第一个例子中，虽然没有碰到东西，但是还是有阻碍；在第二个例子中，当你来到这个障碍时，你因为害怕而回头。心因此而质疑："这是什么？"在你坐禅与行禅的过程中，你一直在思考这个问题。

不过，管它是什么，一段时间之后，它就会消失。接着，它又会再出现，你还是一样会怀疑："这究竟是怎么一回事？"这样的不确定感，真的会让你受不了。

这个情况是在禅定中发生，事实上，它是对禅定经验的执著。我们对所出现的这些感觉与经验感到怀疑，是因为我们的了解还未达到放下的程度。

讨论与分享

有一次，我去拜访一位名为阿姜宛[3]（Ajahn Wang）的禅师，他与一位比丘及两位沙弥住在山顶上。我没有遇见他，但是却感觉到，像这样生活的人一定有其独到之处。当我终于见到他时，他很高兴。他已经知道，有一位认真修行的人即将来到他的住处。他了解禅修比丘，很高兴能遇见修行人。

到了晚上，他与我们讨论修行。他是阿姜曼的弟子，属于阿姜李[4]（Ajahn Lee）的传承，他们都是认真的修行人。

我对他说："尊贵的阿姜，这似乎是个适合向您请教的时机，我想知道禅定究竟是怎么一回事。"接着，我说出自己遭遇到的困境。

他山之石

他说："哦！不是那么一回事，那只是它很小的一部分。"他根据自己的经验如此说。

有一次，在行禅时，他停下来，集中注意力，发现自己的身体正沉入大地。他觉知此点——他怎么会不知道正在发生的事？——他看见自己的身体愈陷愈深。保持觉知，他只能看着它下沉，任由它去。

最后，它终于触底。他不知道底是什么或在哪里，但是他知道身体已经停下来。接着，他的身体开始上升，升到地面，但是没有就此停下来，还是继续上升。

他对这一切过程都很清楚，对于所发生的事情震惊不已，他不知道怎么会发生这种事。他的身体一直飘浮，来到一棵树上，接着爆炸开来，嘣！他的肠子像花环一样挂在枝头上。我不禁问："阿姜，这是梦吗？"

那不是梦，嗯！乍听之下，确实很奇怪。但是这些事真的发生过，当你亲身体验时，你就会知道那是真的。

如果这事发生在你身上，你的身体爆炸后，挂在树上，你会怎么想？如果你持有正念，你只能看着它发生。如果身体爆炸了，你只知道它爆炸了；如果肠子飞出去，你也知道它飞出去了。你必须坚信这些都是"瑞相"，然后深信没有东西会伤害到你。维持正念，瑞相在心里出现之后就会消失。然而，在它消失之后，你还是会问，那究竟是怎么一回事。

想的极限

我进一步问阿姜："我想不透，我没有你所说的经验，但是，在我身上发生过其他的事。就像站在桥上，我试着过桥渡河，但是到了某个点之后，就再也无法前进，前面已经无路可走，所以我只好回头。接着，我再尝试，但是都无功而返。这是在禅定中发生的事，而不是在平时。我观察前面，有时候会看见有东西阻拦着我。我很想找人帮助我，不知道到底应该怎么办。这是怎么一回事，阿姜？"

"这是抵达想（saññā）的极限，"他回答，"当你到达极限时，只要站住，注意当时正在发生的事，待在那里。如果你保持觉知，想会自己消失。它自己会改变，不需要强迫它。你只要注意它发生的过程，并觉知当时自己内心的状况即可，它将会改变。"

这就像是从小孩的想，转变成大人的想。小孩着迷于玩具，一直想玩它们。但是他们长大后，看到同样的东西，却没兴趣了。他会想玩别的东西，这就是想的转变。

我从他的解释中得到一些启示。

无常的内心活动

接着他说："别说太多，不要有这么多疑惑！可能会出现许多情况，但是你只需要知道，在定中什么事都可能发生，这样就够了。什么都可能发生，但是别太在意，不要怀疑所发生的事。当你具备这样的见解时，这些经验生起后便会消失，不会造成你的障碍。它们都是无常的内心活动，本身没有实质的内涵。如果你随着现象起舞，那么当你看见鸭子时，它可能会变成鸡，而鸡则可能会变成狗。这会让你非常困惑，并且没完没了。"

"专注于生起的现象，并看着它消失，但是不要以为它就此结束了，不要自满，"他警告，"很快地，还会有更多，但是你已经具备正见，不再被迷惑，可以放下它们。因此，它们不会再对你构成威胁。"

"像这样观察，让你心里有个底，不要被它们牵着走！当你禅修时，保持警觉，你将逐渐熟悉，可以内观这些经验，并觉知它们。如此对待它们，解除内心的疑惑，智慧会逐渐生起，你处理问题的能力也会自然增长，这些现象会自动消失。"

谨守正确知见

阿姜说:"未来将和过去一样,你还是应该用同样的方式修行。你的经验可能多一点或少一点,但是无论经验到什么,无论多么特殊,你都应该谨守这样的知见。"

"小心!"他说,"有些人的修行似乎很平顺,没有什么障碍与苦难,这是他们前世的业报。心入定时,业就会侵入与涌现。侵入内心的不一定都是可怕的经验,也有可能是令人愉悦的经验,让心感觉光明与清晰。有害的事情会令人害怕,不过它们也可能会以迷人的形式出现。无论如何,所有的经验对心而言都是危险的,千万不可执著于它们!"

我连续三夜向他学习,接着便下山离开,照着他所建议的方式去修行。接连几天,我禅坐并如此内观,思维许多不同的事。它非常好,让我相信,虽然可以自己修行,不过进度可能会很慢,如果没有人指出修心的要诀,前途会比较迂回崎岖。

人们的情况,就是像这样,一旦陷入之后,就会愈陷愈深……

就心而言,如果我们走向极端,就会发疯。心的问题并不容易解决。这个地区有位住持,他有一位新出家的弟子跟随他修行。他不知道究竟发生了什么事——他不是禅修者,但是他的弟子却修禅。

经过几个月的修行之后,这个弟子开始大肆议论佛法。这当然很有趣,他从来没有学习过那些经典,但是却能够谈论那些议题。这似乎有些不可思议。这位住持听他的言论都正确无误,开始认为他可能是一位阿罗汉。

这名弟子能够正确地解释法的各个层面,并且以非常详尽善巧的方式表达。他的阿姜没有禅修经验,无法真正理解这些解释,因此他相信他的弟子已经获得甚深智慧。他认为这名弟子已经断除烦恼，因此才可能如此谈论。

有一天，他们发现这名弟子的尸体吊在树上。他事实上已经疯了，最后以自杀收场。此时，这名阿姜才了解他的弟子是疯了，而不是阿罗汉。当一名禅修者不知道如何正确修行，并且无法获得适当的指导以解决自身的问题与障碍时，结果就可能像这样。

此处出现的情况是对生命感到厌倦，他看不到活着的价值，所以不想再继续走下去。不过，这是情感上的厌倦，而非智慧。他不了解生命的意义，因此才会觉得死比较好。

这种事情之所以会发生，是因为人们只相信自己的想法。相信你的心，也可能夺去你的生命。当它堕入邪见时，情况可能会很糟。

超越并放下世间表象

我对这件事情的看法是——这只是我个人的意见——你一点也不应该向往神通。当心安定下来时，应该思维这个身体，保持正念等待适当的时机，开发内在的智慧，而非追求神通。进入正道后，修习内观禅，以开发洞察无常的智慧，这才有益于你。

有些人不这么想，他们希望把戒律与禅定都修到极限。至于极限在哪里，或何处是终点，他们也不知道。事实上，一个有智慧的人，不需要事事都要求完美，重点在于看破并放下世间的假象，以获得解脱。超越并放下世间表象，即是解脱。表面上，事物似乎是确实存在并拥有某些特质；当你不再被迷惑时，就可以解脱表象的束缚。这就是觉知你自己的心，无须执著于任何事物，这样就够了。

但是这也可能成为一个麻烦的问题。修行对某些人来说变得很困难，因为他们陷在自己的想法里。他们热过了头，因而偏离正道，总认为一定要做得很多，或修得很难，才能获得伟大的成果。从"很多"或"伟大"就可以看出，他们其实一点也不明白。

问答录

学生：您曾经说过，当心达到相当程度的定后，应该转而观察行。我们听您谈过好几次，例如关于身体32个部分的禅修指导。借由如此的观察与忆念，是否就能够达到真实的智慧？

阿姜查：你们首先确实需要借助这样的观念。事实上，实相无法借由臆想与猜度而达到。无论是何种观念，善或恶，都不究竟，不过它却是教导人的唯一管道。我们说话以便让小孩理解，他们应该做哪些事。当你抵达终点后，就再也不需要遵循任何的形式。如果你相信你的观念就是智慧，你就会经常被它们耍得团团转。它们只是行，因缘法罢了。"觉知者"亦无自性，连它也应该被放下。识就只是识，并非个人、实体或自我。放下吧！让它随风而去。

学生：禅定应该开发到什么程度？

阿姜查：足以思维事情，那就够了，持守正念以便进行观。

学生：这是否意味着要专注于现在，而不要想过去或未来？

阿姜查：你可以想过去与未来，只要不执以为实即可。心可以想各种事情，但是不可以信以为真。了解思想是什么，以及它们只是思想即可。重点在于不要执著于思想并跟着它走。

如果你跟着思想走，你将会一直都有意见与问题，最好能避免涉入这样的表象。心就只是心，它不是个人、实体或自我。这就称为心的觉醒。它不是你的，乐只是乐，苦只是苦。当你能够如此看事情时，就不会有疑惑。

所谓的观或思维，都要用到想的功能去看事情，但是最后你会超越思想，产生洞见。因为当你修行时，你学习不去注意或相信这些想法。想与受就只是想与受。

我们所谈论的事物，既无生，亦无灭，法尔如是。换言之，没有出生，也没有死亡。

举心为例，我们称它为心，是为了表达对它的概念，知道它的活动。但是谈到真实的心——嗯，难道还有另外一个心吗？心从哪里来？当我们看着它时，我们看到了生与灭。会生灭的东西，其实不是心本身，而是某种感受，即内心的印象与概念的活动。究竟的实相绝不会像那样生灭。不过，在语言与惯例的用法上，这些会生灭的事物被称为心。

在世俗谛的用法上，我们认为内在的活动是它的呈现，并称它为心。但是这个心从哪里来？由于长久以来，一直习惯相信那就是心，因此现在我们一时无法接受心也是不实的，不是吗？

首先，我们必须看见心的本质是无常、苦与无我。不过，其实它真的没有什么，它是空的。我们看见生与灭，事实上没有东西在生灭，那都是我们的想象与概念而已。但是，我们却把想象当成智慧，执著于内心的活动为智慧。真正的智慧是看破与放下，不会有纠缠。我们觉知受与想而不涉入，因为我们明白，追随它们不是正道。

学生：我们应该如何修行才能够达到这点，看见真正的心？

阿姜查：首先，你必须觉知这个世俗认定的心，了解它是不确定与无常的。看清楚之后，你就不会再执著，并且会放下。由于觉知，而放下，世俗概念的因从此消失了，此后不会再有疑惑。

一切事物的名称都只是世俗的惯例罢了，它们是表象的范畴，为了帮助人们认识事物而设，而事物的本质则始终不变。例如，在这座建筑物内，我们有地基与上面的楼层。事物所在的基础不会生灭，只有上面的东西会有生灭。有时候，我们称它为心，或想，或概念，等等。不过以最简单与直接的方式来说，根本没有色、受、想或行，它们都只是名称罢了。五蕴生了又灭，都不是真实的存在。

　　你们听过舍利弗指导弟子富楼那（Puṇṇa-mantāni）的故事吗？我是在刚出家时听到这个故事的，它从此就一直留在了我的心里。

　　有一个比丘想要修阿兰若苦行，因此他的老师舍利弗给了他一些指导。舍利弗问他："富楼那！当你从事阿兰若苦行时，如果有人问你：'佛陀死时发生了什么事？'你怎么回答他？"

　　这个比丘回答："如果有人问我，我会说色、受、想、行、识，生起之后就会消灭。"

　　就是这样，那是正确的回答。舍利弗在让他修苦行之前，先检验他的见解。他具有正见，五蕴有生就有灭。他是一语道破。

　　了解这点之后，你应该进一步思维并开发智慧，以便看得更清楚。它不只是生与灭而已，最后是要认出你真正的心。你还是会经验到生与灭，但是你不会再陷入快乐之中，当然痛苦也无法再跟着你。贪爱与执著都会消失。

　　学生：你似乎在暗示，五蕴之外还有个什么东西，它是本心或……

　　阿姜查：它没有名称，一切都结束了。有人想要称它为本心或其他名字，不过，所作皆办，不受后有。原来的东西都灭尽了。

　　学生：因此它不叫作本心。

阿姜查：依照世间的惯例，我们可以那样说。如果没有任何惯例，就无法谈论事情，没有原本、旧、新，或其他概念。我们谈论的任何事情，例如旧或新等名相，都是约定俗成的惯例。没有惯例，就无从沟通与了解，但是你应该知道它的界限。

学生：需要达到多深的禅定，才可能达到像这样的理解？

阿姜查：达到足以控制心的程度即可。没有禅定，你能做什么？没有专注的心，不可能达到这点。

应该到达足以观，让智慧生起的程度。我不知道如何衡量心需要达到"多深"的禅定，可以说达到不再有疑惑的程度即可。我就这样回答你的问题。

学生："觉知者"与"本心"是一样的吗？

阿姜查：不，不。"觉知者"是会变化的事物，它是我们的觉察……每个人都有这样东西。

学生：所以不是每个人都有本心？

阿姜查：本心潜藏在每个人里面，每个人也都有"觉知者"。不过"觉知者"是你永远无法论断的；本心虽然人人都有，不过不是每个人都看得到它。

学生："觉知者"是自我吗？

阿姜查：不是，它只是生起的觉知。

像这样提问，只会引来无尽的疑惑。你无法只从别人的话里，得到清晰的见解。穷追不舍的发问，无法让你了解实相，你需要自己去体悟。往话语指出的方向去观察，而不要陷在话里。

学生：您经常教我们，心定下来后，便观察身体的32个部位。我们应该照着公式，一一去观察这三十二相吗？

阿姜查：不是那样。心定下来后，观自己会生起。这是定中的观，而不是心里想："这应该是像这样，那应该是像那样……"那是一般的内心活动，是定外的观想。心入定时，没有思想，定中只有观照。日常生活中散漫的思想是粗糙的，虽然粗，不过仍可与禅定配合。

重点在于，于一切时中持守正念，如实觉知事物。为什么佛陀没有憎恨与妄想？因为他有这样的觉知，所以嗔恨与迷惑都无从生起；由这样的觉知统理你的一切经验，烦恼根本就一筹莫展。除了觉知之外，不需要再做什么，该做的都已经做了。以全然觉知的心，你可以将烦恼完全抛开。你不需要刻意将注意力放在任何事物上，因为心自己会完成，它会自然发生。

此时，你不需要再修定，因为它已经存在。事情仍会呈现出对与错，你也一样会有好恶的感觉，但是你都会毅然放下。无论发生什么事，都以无常的认知，随它们去。你终于了解事物的起源，直抵"本心"，那里没有什么东西是永恒的，空即是一切。那就是实相。

从无常之流溢出的事物粘住你时，斩断它，让它流开。你不知道是什么一直不断地在奔流，但是当它粘住你时，你只需要放开它，让它流走。那些都是受与想的现象。当现象生起时，你持续坚壁清野；当事物净空时，你便维持等舍之心。

只用说的很简单，不是吗？

这很像戒、定、慧的修行。传统上，佛教都是教人先持戒，再修定，最后才修慧。这是一套有用的分级法，值得谨记在心。但是，对某些人来说就不适用，例如美国人，他们不需要一开始就教戒律。他们修定，很快就可以把心安定下来，不需要依序解释戒、定、慧的过程。首先，让他们坐下来，静心，接着敏感度便会提升。这就好像有一条毒蛇在笼子里，用布盖着，若是有人从旁边走过去，他不会害怕。因为他不知道里面是什么，他没有感觉到危险。

尝试教导戒律就像那样，你必须觉知不同地方人的习惯与性情。对西方人来说，你最好从教授禅定开始，心安定下来之后，自然会有一些改变，人们看事情也会不一样。一开始，即使里面有毒蛇，人们也不会关心，因为不知道它的存在。持戒就像那样，不需要一一遵守，戒律不只是念诵："我发誓不杀生，我发誓不偷盗……"那样太慢了，没有掌握到要点。就像一根木棍，它有前、中、后段，当你捡起后段时，前段也会一并被提起。你可以从后段往前提，也可以从前段往后提。你不能坚持告诉别人，这是前段，一定要从前段提起来才可以。如果有人被修定吸引，就让他们先把心安定下来，接着他们会更敏锐，并拥有全新的视野。从后段提起来，自然会推演到前段，因为它们原本就是同一根木棍。通过禅定，他们会看得更清楚，智慧也会逐步地渗入心中。对于善恶的判断，自然会增长。

戒、定、慧三学辗转相生，无论从何处着手都很好。传统上大都从戒、定、慧谈起，这是有用的方式，不应该被舍弃，但是你不能执著于视之为唯一的方式。何者能让心清明，它就有助于觉知毒蛇的存在，有了觉知之后，就会谨慎。这就是所谓殊途同归，教者必须善用合适的技巧。

当真实的理解生起

当城里的小孩第一次到乡下时，他看各种东西都很陌生。看到鸭子时，他会问："爸，那是什么？"看到水牛时，他会大叫："妈，看那只大动物！"不管看到什么，他都像这样惊讶不已，直到他的父母懒得回答为止。无论他们怎么解释，这个小孩还是问个不停，因为他先前从来没看过这些东西，所以才会这么着迷。最后，他们只能随便敷衍他，这个小孩却仍然兴致勃勃地问："这是什么？那个东西是什么？这个动物可能是什么？"他的好奇心与问题就这样源源不绝。但是当他长大以后，他就会知道这一切事情，不再有神秘感。

禅定的过程就是如此，我也经常像这样。但是，当真实的理解生起时，问题就会终止。通过止与观的进步，问题会自己化解开来。

因此，你们应该经常观察自身，每个人都应该诚实面对自己。当你发觉正在自我欺骗时，就应该马上警醒。

思想只是概念与想象的产物，如果我们没有充分觉知，就会误将它视为智慧。我们因此认贼作父，最后只能落得不圆满与痛苦的下场。如果它真的是智慧，怎么还会带来痛苦呢？

不造作即是解脱

虽然如此，它仍然可以带来智慧，能引发我们去看与了解。不要以为智慧遥不可及，只要有概念的地方，就有智慧；有造作，就有不造作。造作即是概念，不造作即是解脱。

不同的老师，通过不同的方法指出这点。例如禅宗，就有他们自己引出智慧的方法。当你回答对方的提问时，他们会打你。砰！他们再问，这次你不回答，他们还是照样打。"咦……这是怎么一回事？再这样下去，我可能会没命，我应该如何回答？我应该怎么做？"这些问题可以引发出智慧。怎么办？往前不对，往后不对，站着不回答也不对，无论怎么做都会挨打。你似乎从这里体会到什么，开始更深入去寻找答案，这就是我所读到的禅宗的方法。很奇怪，不是吗？它确实能帮助人们获得智慧。无论回答或不回答，你都会挨打，你开始失去对与错的概念；既不能动，也不能站着，你怎么办？你已经濒临极限，但是好像还可以往前再更进一步，于是心会试着找出一条路来。我认为这个方法很好。它很神秘，但是对我们来说，我们也只能猜想它而已。我们知道一些事情，但是那都是别人告诉我们的，因此总是有更多的事情可以发问与学习，并且一直都会有更多的疑问。解释得愈多，我们就离实相愈远，为什么会这样？是什么在阻挠我们？是这个知识本身在阻挠我们。

幻想的产物

因此你真的需要向内寻找，当你持续内观时，你的见解也会愈来愈精妙。这种微妙的觉知似乎不错，但是禅宗的老师却不这么认为："远离精妙！它毫无用处。"你又挨了一棒。微妙生起时，你必须设法将它排除。你不知道该怎么办，不知道该留或该走，你无从选择。最好是完全放下。

经典上说，我们的思想与感受都只是心策划出来的幻想世界，那不是真实的知识。它是幻想的产物，但是我们却觉得它是真的，那是执著的知见；如果是真实的觉知，人们会懂得放下。

禅定也有其难处，即人们很容易走上岔路。"当我坐禅时，我有许多经验，我看见光，还看见缤纷的色彩……"他们真的被这些经验所迷惑。当他们告诉我有关他们的禅定经验时，我实在没有什么好说的，那都是一些幼稚的玩意儿。它真的很像小孩子迷上动物，一直问个不停。那是小孩子应该做的事，因为他不了解那些东西。当他长大以后，自己就会知道，无须再多问。

觉、观、喜、乐、一心

当定中生起乐支时,那是内心无法形容的快乐,只有达到的人自己知道。觉、观、喜、乐、一心等五支,都汇集到一点上。它们的特性虽然不同,不过却是一个整体,一起被经验。就像一个篮子里的水果,虽然它们各不相同,但是都位于同一处。禅支共同生起,并在内心被体验,要描述它们是不可能的——喜像什么?乐如何发生?觉像什么?——但是如果它们发展出来并被体验,便会充满内心,你一定会知道。此时,修行已经产生变化,你的禅定变得不一样,甚至有些奇怪。你一定要有正念正知,不要被当下的现象所迷惑。它只是内心的经验,一个心的瞬间,心的本质正在展现它的潜能。

不要怀疑修行中发生的这些事情,无论是飞到天上,或是沉入地下,或是好像快死了,都别在意。只要直视你内心的状态,并保持觉知,这就够了。你会在那里找到支撑。于一切行、住、坐、卧的姿势中,都保持正念正知,不执著任何出现的经验。当你经常对发生的事保持觉醒,无论是喜欢或讨厌、高兴或生气、怀疑或确定,都能持续观察与觉知,你就能掌握修行的心要,并获得修行的果实。不要只注意表象,应该了解它们"不过如此"——只是受与想的瞬间呈现,是会生灭的无常法,是无我的,没有什么可以执著的。

开始厌离

通过智慧如此观察身与心时,我们便能觉知旧的习惯与形态,看出身与心的无常,以及看出一切苦乐与爱恨等整体感受的无常。当我们明白它们不过如此,或就是这样而已时,心便会转向。我们会开始厌离身心等生灭法，了解它们都是不可信赖的。无论到哪里，我们都要明白这点。当心出离时，它唯一关心的是找到一条出路。我们不会想再和以前一样生活，因为我们已经看见世间法的不圆满与业苦。我们看见此生的业苦，带着这样的见解，无论去到哪里，我们都能看见诸法无常、苦与无我的实相，因此对任何事都不再执著。无论坐在树下、山顶或旷野，我们都听到佛陀的教导。我们对于欲界、身心，色界与无色界等，都将看得更清楚，更清楚地了解它们都是无常、苦与无我的。

抵达终点

只要我们执著于事物是永恒与真实的，痛苦必迅速来临；但是，当我们了解身心的实相时，痛苦就不会发生。没有贪著，痛苦就无从依附，智慧在一切情况下都会生起。即使看见一棵树，智慧也会经由这样的思维而生起。或者看见田里的植物，或看见昆虫，智慧都会生起。归结到底——在不确定这点上——它们都是法（Dhamma），亦即实相。它们都是无常的事物。唯一恒常与确定的是，出现之后，它们便是短暂与不可信赖的，无法停止转变，完全停不下来。就是这样，如果真的了解这点，你们就已经抵达终点了。

根据佛教徒的观点，如果认为"我比别人好"，不对；"我比别人差"，也不对；"我和别人一样"，还是不对，因为根本没有"我"这个东西。别再大言不惭地说"我"怎么样，你们应该如实觉知这个世间。见解若真，则心也真，你将拥有实际而完整的智慧。生的因被斩断，轮回也将就此结束。

因此，应该像这样进行修行：首先，从打好地基开始，做一个正直与诚实的人；其次，对于恶行具有惭愧心；再次，保持谦卑，少欲知足。少欲者，必能节制语言与行为，并具有自知之明，不受诱惑。

活在戒、定、慧中

这些元素就是修行的基础，当它们圆满时，内心就只有戒德、定力与智慧。只有它们充满内心，除此之外，再也没有其他事物。这样的心一定是活在戒、定、慧之中。

因此我们修行人一定要时时保持警觉。这些话并不常听到，不过这个劝诫适用于一切事物。即使事情是好的，你也是对的，一样要警觉。警觉适用于善、恶、苦、乐等一切情况。佛陀为什么教导我们对一切事物都要警觉呢？因为它们都是不确定的。

心的情况也是一样。如果它静下来，不要执著于那样的状况，顺其自然就好。如果因此而感到喜悦，那是正常的反应，只要保持觉知即可。无论是善或恶的情况，都只要保持觉知。

一个老师可以解释修心的方法，但是这件事却只有你自己能做。除了你自己之外，还有谁能完全了解你的心？如果你持有如此的正见，就可以无往而不自得。但是这是指真正的修行而言。若非真实与诚恳地精进，则毫无助益。真实的修行不累，因为它是通过心去完成。如果你对自己持有正念，你就会知道正在发生的事，以及事情的对与错，并且知道如何修行。你其实并不需要很多东西。

法的良友

关于法的良友，有两件事需要考虑，用白话讲就是范例与本质。

经书说不要执著于范例，而应关心本质。阿姜通拉（Ajahn Tongrat），这位上一代的大师就是一个例子。那些不够聪明的人得不到他的法，因为他们都只看他的范例。口无遮拦——这就是他的范例，他经常要求俗家弟子。当他公开责骂某人时，他其实是在接引他。他的范例就是这样，但是他的本质则是空——真正的空。那些都只是方便，而他的话则是法。事实上，他说的一切都是针对法，但是人们却常误解他的做法。他的动机是给人法，而不是给人伤害。他也没有带给任何人伤害与损失。但是在来去之间，他的话语与行动却似乎毫无节制，他的范例就是如此。有些比丘想要模仿他，结果却是自讨苦吃。

过去，阿姜通拉与他的弟子们去托钵，那里有一户吝啬的人家，他们并不想布施。不过，村里的每一个人至少都会给一些饭，因此他们总是会找一些借口，例如他们不知道比丘们要来，等等。因此，每次阿姜通拉到他们家时，都会以震耳欲聋的声音大叫："喂！饭煮好了吗？"并在房子前面等待。里面的人无奈，只好拿一些饭放在比丘的钵中。

其他比丘每天看着阿姜通拉这样做，之后就有一位老比丘开始模仿他。他每到一处托钵，就会对着房里大叫："喂！饭煮好了吗？"

最后阿姜通拉注意到这件事。有一天，在集会中，他当众指名责骂这名比丘乞食的方式。

"您是什么意思，阿姜？"这名老比丘茫然地问。

"人们告诉我，你在乞食时都会大叫：'喂！饭煮好了吗？'这对一名比丘而言，完全不合适。"

当然，这名老比丘认为他是对的，他只不过是遵从老师的范例。

但是，他不知道阿姜通拉这样做的原因，而他也没有和老师一样离染的心。

阿姜是为了唤醒这个吝啬的人家,培养慷慨的心,而不只是为了填饱他自己的肚子。

修行之难易

修行与证悟大致可以分成容易与困难两种。前者已累积功德并开发波罗蜜(pāramitn,意译为"度"或"到彼岸"),那是觉悟必备的资粮,并非一般人可以企及,可作为衡量修行能力的方法。有些人说:"我有好的动机,也想开发,但就是做不到。"那么,你就得再加一把劲。

对一些人来说,修行很困难,无论做什么,都遇到层层阻碍,并且觉悟得很慢。这意味着他们过去只累积了一点点波罗蜜,因此他们现在要做得更多,不能就此放弃。如果有一个穷人心想:"好吧!我很穷,事情就是这样,因此我不需要尝试工作,或改变现状。"那他就真的有大麻烦了。他应该想:"我很穷,所以我应该更认真工作,或至少和别人一样地工作。"同理,如果我们精进修行,努力向善,我们一样会进步。

有一种人修行很困难,但是觉悟却很快。他们拼了命似的修行——不断挣扎与奋斗——但是他们很快便觉悟了。虽然吃很多苦,不过没关系,这些苦很快就过去了。

第三种人,修行很容易,但是智慧却增长得很慢。他们没有遭遇到太多的困难,修行得很顺利,但是却要花较久的时间,也许一直到死,都还不一定能见道。

第四种人,修行既简单又愉快,那是一条快乐的解脱道,也能轻松地觉悟。也有人像这样。

　　无论是哪一种情况，结果来得快或慢，能力强或普通，精进修行都是值得的，必定功不唐捐。善能掩恶，正能去邪，或许现在看不到结果，但是未来一定可以看得到，这就是业。一个业正在受报时，另一个业就会蛰伏着。我们现在受的是过去的业果，而非现在的业报。不过，因果丝毫不爽，报应会一个接着一个来。因此，我们现在修行，等到时机成熟时，就可以有所收成。

在家修
——别让猴儿烧了你的房子

佛陀教导我们要努力工作,但是我们的行为不能混杂贪念,应该是以放下与离欲为目标。我们做我们应该做的事,但是不可执著,这就是佛陀的教导。

不过这似乎很无聊,缺乏热切投入的诱因,世人做事就是为了获得某些好处——例如人们来看你,是因为你的医生或官员的职位,想要从你这里得到一些好处。一般来说,无论做什么,人们都想从中得到一些好处,贪爱与执著因此成了一种生活方式。但是我们则不然,我们秉持正见,善尽职责,勇于任事,因此可以生活得很自在。

如果你想正确地种树,收获果实,那么你应该怎么做?你只需要做你应该做的事:拿起树苗、挖洞、种植、施肥、灌溉与驱虫,这些都是你的职责。就是这样,然后就此打住,至于它长得快或慢,就不是你的工作了,这个部分你应该放手。你已经把树种下去,并好好照顾它,这些都是它成长的因缘,你不应该再想:"它什么时候才会完全长大?什么时候会结果?……"这不是你的事,是树自己的事。如果你想:"我已经浇水并做完其他的事,现在我应该怎么加速它长大呢?"那一点都没有帮助,它并非你的职责。你和树的关系是,你只需做好分内的工作，至于树的成长就看它的本质了。如果你这样想，就会很自在；如果你在辛苦工作之后，期待它一两天后赶快长大，那就是自寻烦恼。该放下的时候，就应该放下。

正命

这就是造因，若是因不错，果也应该会不错，因为事出必有因。我们有我们的任务，所以应该尽力去完成，但是不应该执著，处理好手边的工作就可以了。如果我们想去完成管树的任务，那就是自找苦吃。重点是，种好因，才会得好果。如果我们这样想，就会很轻松；否则我们将会越俎代庖，今天看树，明天不放心再去看，看个没完。

这就是所谓的"正命"，不过还是会有许多小事干扰我们。蚊虫会来叮咬照顾树的人，造成他的困扰。当事务繁多、人群杂沓时，会出现许多情况——像人与人之间的摩擦等——会在我们想将事情做好时，影响我们。

这很正常。例如，责难与称赞总是一体的两面，没有批评就没有称赞，没有称赞也没有批评，我们必须能够妥善应付两者。我们应该了解这些事情都是帮助我们，让我们清醒的。它们就是警钟，但是我们却不这么想。如果有人毁谤我们，我们马上气得跳脚。如果受到称赞，我们则心满意足。就像这样，我们不知道它们是相依相生的。我们现在可以把事情做好，但是以前我们不知道怎么做才对。直到有人从另一边来，指出错误的一面，我们才知道什么是对的。这真的很自然，如果能够这样了解，我们自然就能放下。这是每一个人都应该努力思维与修行的。

面对障碍

佛陀教导正确的行为,但是只有少数人会照着修行。其他人不是没兴趣,就是缺乏智慧,甚至反向而行。这可能会困扰你,但是你只要想,这个世间就是这样,它必须像这样。现在,当别人批评或毁谤我们时,我们无法忍受,然而它很快又会发生。有称赞,就会有批评,它们是一体两面。了解这点之后,我们再回过头来解决问题。我们不能只拥有其中之一,那是不可能的。此生之中它们经常会发生,那是我们必须面对的障碍。

工作时,我们必须通过考验,如果做什么事都一帆风顺,就不会有苦了。没有痛苦,我们就不会反省,不是这样吗?因此佛陀提出苦谛。

自在的心

如果你根据法来思考,就会有自在的心,慢慢教育你自己,一点一滴地想这些事情。你带着渴望的心情种下杧果树,不过是否每个结成的杧果都可以吃呢?哦!当你吃下成熟的杧果时,你是否想过它们有多少是掉落或被抛弃的呢?

如果你因为考虑这些事情而感到沮丧,一开始你可能就不会想把树种下去。有些杧果长得很好,但是许多杧果在成熟之前就已经掉落或腐烂,这有什么用?嗯,事情就像这样。有些掉了,有些则必须丢弃,但是你还是会种下并照顾这棵树。你今天能够吃到杧果,就是因为你曾经把树种下去。"谁会想种下果实成熟之前就掉落的杧果树?"这样想的话,你将吃不到任何杧果。

你必须时常回头寻找事物的因,但是由于身处于安适的环境中,你不会想这样做。你最好活在一个不是那么便利的地方。事实上，如果你修行正确，问题总是会有解决之道。当别人诽谤你，你必须忍受，如果你无法解决，一直到死都会被它折磨。

最好是你停止

有人问我："隆波！如果不杀生，我们怎么生存？如果不杀蚊子，它们就会咬我们。"

"嘿！你已经杀了几年的蚊子？"

"从孩提时就开始了。"

那么，蚊子都不见了吗？即使你一辈子都坐在这里杀蚊子，它们也不会结束。

如果蚊子不会停止，那么最好是你停止，这样就不会有事。如果你想持续顽抗，输的将总是你。动物界的生存方式就是觅食与吃，它们看事情的方式和人不一样，因此让我们提升自己的心，到超越动物的层次吧。如果我们一直像这样和蚊子厮混，输的总是我们。

我只是提出想法供你们思考，如果你们想杀就去杀吧！但是我保证，你们永远也杀不完。如果你们冀望一件永远无法完成的事，那么何时才有结束的一天呢？杀蚊子并不能彻底解决问题，像泰国这种蚊虫滋生的地方。我建议既然它们无法止息，就让我们停下来，这样事情就结束了。远离这样的是非。

"如果不杀蚊子，我们应该怎么做？"我们可能认为佛陀的教导不切实际，竟然教我们不要杀蚊子。"蚊子有什么用？"对，那是我们的想法，如果站在蚊子的立场想："人有什么用？"我们怎么回答？

我只是脱口而出这么说，但是我们应该考虑得更仔细一点，这样才能有更深入的理解。蚊子有什么用？它们只是来吸我们的血，这就是它们的用处，它们必须觅食。

假设我们为自己盖了一间房子，其实那不只是我们的房子。蜥蜴会来停留，老鼠也会来居住，它们不知道这是谁的房子。它们只看到一处遮蔽的地方，所以它们就前来居住。我们因此而生气："嘿，老鼠在咬我的枕头与草席！"老鼠不知道那是什么，它们只看到一些有用的东西，可以拿来做培育下一代的巢穴。那就是它们的方式，它们不是想偷我们的东西。如果我们具备超越动物的智慧，我们就应该约束自己，并得到一些启示。根本没有什么问题，法应该像这样深入事物的根底。

那无法满足的

"taṇhā"是渴爱，如果我们能像这样思考事情，我们就能平息它。经典上称它为渴爱，但是在我的禅修体系中，我称它为"张开"，开而未合，这就是禅修中的"taṇhā"。经典上说："未有河流如渴爱。"张开而没有关上——苦永远无法停止。贪欲不是嘴巴或胃，它们无法被满足。如果胃空虚，只要吃些饭就可以了。渴爱则不然，它没有形式或自体，它就是"张开"。

我用狗来作比喻。一只狗被喂食米饭，一、二、三碗，甚至五碗后，它的胃满了，但是渴爱仍在，张开。放更多饭在它前面，它会守护着它。当另一只狗出现时，它会发出咆哮——"汪汪汪"，一只鸡接近时也是"汪汪汪"。这显示出胃或嘴巴都不是渴爱的所在，它们可以被填满，但是渴爱的想法与感觉则持续张开。因此佛陀说："没有一条河流像渴爱一样。"它一直开着，永远无法被满足。如果关着，水很快就可以注满；但是如果一直开着，水会一直流失，永远都注不满……它就像这样，无法被满足，一直都想要。

想想一个迷恋生命的人，不曾想过死。生重病时，他呻吟并恳求："请再多给我一点时间……不要现在就取走我的生命，等到未来再说。"接着，他康复了，然后又一次生病并乞求："可以再多给我一点时间吗？请不要现在就取走我的生命。"当我们健康与强壮时，我们没有想过死亡，不觉得有什么危险。当然我们无法超越危险，因为我们没有死过。接着我们生病了："拜托，我需要多一点时间，不应该现在就死。"这种事会反复发生，我们的说法依然是："拜托，还不是时候！"事实是，我们害怕，我们不想死，就是这么一回事。这是一种盲目的渴爱，人们对生命恋恋不舍。这是一个欲望的例子，如果我们无法开发出觉知渴爱的智慧，我们就会一直陷在痛苦中。

解脱渴爱

渴爱被称为欲望，亦即没有被满足，这是较好的描述方式。解脱渴爱的人，还是会有欲望，但是他可以被满足。渴爱无法被满足，我们一路带着它，还不停抱怨。我们嫌它太重，却又放不下来。如果我们想要许多东西，它会变得很沉重。矛盾的是，人们想要很多，却不希望它变得太重。这是逃避事实。如果我们了解，其实也没什么大不了，要放下就并不难。

我认为法是困难的事，很麻烦，但是如果真的深入思维，它却能帮助我们解决问题。佛陀所教导的不是不可能的任务，没有一个修行方法是不可行的。他只教导有益众生的法，从来不说无益的法，请想想这一点。

当你的日常生活出现痛苦时,你应该检讨它为什么会发生。可能是你的小孩不听话,那么,是谁让他们变成这样的?如果你是因为你的小孩感到痛苦,那么其实问题是出在你自己身上。你应该像这样想,回到起点上。如果你想迫使他们听话,那将行不通,一定会以眼泪收场。为什么?你应该集中注意力,找出原因来。事情不可能凭空诞生,它一定有原因,只是我们没有认真找过。

明白实相便能安心

佛陀教导我们像这样去了解这个世界,他能够安心,是因为他明白事物的实相。我们举一个例子来说明,你们看过猴子吗?它们安静吗?有安静的猴子吗?猴子就是这样,总是四处攀爬,静不下来。也许你会因此而感到沮丧,你觉得它们应该乖乖坐好,不应该到处攀爬与跳跃。你可能气得想杀掉它们,但是你看过静止不动的猴子,能够像人一样打坐吗?不可能,除非那只猴子死了。

那么我们应该怎么办?你应该强迫它们变成另外一个样子吗?你应该了解猴子就是这个样子,宇宙里的每一只猴子都会继续像这样。如果你看过一只,并清楚地了解,你就会知道所有的猴子。你会随顺自然,因为那就是猴子的方式。无论猴子安静与否,你的心是另一回事,它能静得下来。让猴子做它该做的事,不要意气用事。你能静下心来,因为你知道猴子的方式。了解之后,你就会放下,并获得平静,而不会被"猴事"给绑住。你看见它们,并了解猴子就是像那样。你再到其他地方看见猴子,你会想:"猴子就是像那样。"你并无恶意,因为猴子确实是那样。事情就是如此。

如果你希望猴子安静,是自找苦吃。那不是佛陀希望你解决问题的方式，你应该根据实相去解决问题。如果一直钻牛角尖，最后你会发觉，你还是没有能力改变它们。你必须放下，随顺自然。

如实觉知的智慧，知道它们是这样，让它们保持这样，将能带给内心平静，去除疑惑。

这个世间也是一样，佛陀被说成是清楚觉知世间的人，就像我们清楚地知道猴子一样。这个世间应该是像这样的。

通常人们会认识这一点，是因为时机逐渐成熟，他们已经具备许多经验。

因此只要听闻一点法，就会回顾过去，并懊悔："哦！我已经痛苦这么多年，只因为我固执己见。"如果你还是用从前的老套去看事情，不懂得放下，则你的内心将一直不得平静，到死都一样。事情原本就是那样，但是你却硬要改变它们，何必呢？你应该把握一切机会，看清事物的实相。

问答录

学生：假设一只猴子在玩火，如果我们顺其自然，它可能会烧了我们的房子。

阿姜查：不，不……不是这样，那是另外一回事。我们了解猴子，并且应该有比猴子更高的智慧，你会让它们拿火烧了你的房子吗？出现危机时，你应该要知道如何处理。

举例来说，每个人都会死，但是我们仍然会照顾我们的生命。不过，医生照顾的方式是治疗与控制疾病，而不是预防死亡。那是不可能的，没有这种药。如果你知道这一点，你就会照顾你的患者，并像这样治疗疾病。

假设有一个罪犯来到医院，他涉及抢劫并中弹，医院必须照顾他。有些人可能会说医生在帮助抢匪，救治他，致使他再去犯罪。其实不是这样，医生的职责就是救人。救活了之后，他们再去犯案，并不是你的错。你只是尽一个医生的职责而已，不是为了帮助他犯罪。救人脱离病苦，是医生应该做的事。

当人们生病时，他们会急着找医生。同样地，如果一只猴子准备烧我们的房子，我们一定会想办法制止它。我们必须留意并照顾身边的事务。不过说到我们的房子，不需要猴子来烧它，已经有恶魔住在里面了——"我们根本不需要照顾它。出生之后，人一定会死，我们为什么要照顾我们的生命？"这就是问题所在。我们应该像医生照顾病人一样，照顾我们的生命，使它获得暂时的缓解。人们总是在抱怨，说一些这样的话："这些医生真差劲，他们治疗我，但是我却没有好转；更糟的是，一直都有人死掉。"他们就沉溺在这种愚蠢的话里。医生并无法让人免于死亡，没有这样的药，即使再高深的研究也办不到。那并非医生的领域，他们的职责只是减轻病苦，帮助人们活久一点而已。这就是所谓的"别让猴儿烧了你的房子"。

我们应该用智慧处理事情。知道猴子的个性之后，如果有猴子带着火，进到屋子里来，我们会坐在一边看吗？我们知道猴子的特点，因此可以留意并防范，就像对待小孩一样。我们必须知道他们的方式，并注意他们，了解其特性之后，我们就应该小心监管。他们可能玩火、割伤自己，或掉进水沟里——我们不能放任不管。如果有人主张顺其自然的话，那他们一定不了解小孩。这样的人可能会让猴儿烧了房子。

第三章　修法

轮回之苦

你可能觉得住在家里很麻烦，但是当你离开一阵子后，你又会开始想家。你应该怎么做？人的行为模式很奇怪，不是吗？那只是因为当你到另一个地方时，你无法获得真正的满足，你的心思不在那里。这就是佛陀所说的"轮回"，因此你们才会到寺里来修行，做一些有价值的事，但是感觉还是和在家不一样。对你来说，没有一个地方像家一样舒适，因此你才会一直想家。这意味着善与恶的状态并未结束，你还是用世俗的方式在做事，因此它并未结束。如果它尚未结束，就表示你没有放下，你还背负着它们。所以你会觉得沉重，你可以看得出它的错误。

接下来就是修忍耐，它其实什么也不用做，经上说忍耐是诸法之母。忍耐等来好的结果，但是当好的结果来临时，我们却经常被它蒙蔽。这很奇怪，不是吗？事情是好的，我们却被蒙蔽了，因此才会衍生出更多的痛苦。

善与恶，以及爱与恨都无法超越彼此，并有其局限。我们真的应该思维法，并内观，以解决问题。如果我们感到痛苦，我们会期待另一个人来帮我们解决。不过，这是别人无法代劳的。他或许可以解释灭苦之道，只是这样而已。灭苦的事必须靠你自己去完成。尊贵的导师说："如来只是指出道路的人。"他教导你把这个拿起来放在那里，再从那里把这个拿起来放在这里。他教你游泳，而不是替你游。如果你希望佛陀替你游泳，你一定会溺毙。

正道

去年，一些官员来这里开会，学习"正道"，为什么？因为他们觉得事情进行得不顺利,因此他们来这里学习正确的见解。不过他们似乎无法理解超越的重要,亦即不要随着事情顺利与否而高兴或痛苦。这个世间就是这样,对于我们创造出来的苦或重担,我们必须忍耐与承受。我们知道事情沉重,但是我们有欲望,所以我们把它们举起来。它们当然重,我们只能忍受。

当我们还是学生时,我们很羡慕成人,认为他们一定很快乐。我们看见他们做各种事,有老师、商人、雇主与行政官员,我们希望像那样。因此我们用功学习,想要效法他们,但是现在我们已经站在同样的位子上了,我们高兴吗?痛苦与困难还是存在,我们无法跳脱苦的因缘。我们现在无法跳脱,也不知道将来是否能够跳脱。事情只会变得愈来愈沉重。

这个地方称为世间,巴利文是"loka",意思是"黑暗"。世界进步与发展多少,黑暗就同样发展多少,世界的进步只是黑暗的进步。人们热心地谈论世界如何进步,不过散布的只是黑暗罢了。

在我们的寺里,早先没有电力,人们经常说:"这里时常很暗!如果有电的话该有多好,最好也有自来水。"但是这些东西不会自己出现,需要可观的金钱投资。筹钱的过程很辛苦,当我们真的拥有明亮的电灯时,心却反而被遮蔽,变得很暗。方便会障蔽心灵,因为人们对于容易得到的东西会觉得理所当然。东西愈便利,人就会变得愈懒惰。

以往乡村里的物质水准还没那么进步,人们都将厕所设在屋外的森林里,他们必须走一段路才能使用它。现在则不然,人们不用再走路了,他们睡觉的地方就有卫浴设施。我不知道他们想要什么,那样真的比较好吗?寝室就和厕所在一起,人们期望这样能带来方便与快乐，不过事实却不是如此。太舒适只会让你变得散漫，人们还想更方便，但是却永远无法满足。它永远都不够，所以他们只会频频抱怨。

谁创造了苦？

谈到使用资源的方式，我们时常觉得钱不够用，到底要怎样才够呢？看起来好像很多钱了，不过我们还是不满足，所以我说这个世上并无有钱人。至少我不曾看过，我只看到人们总是嫌拥有的不够多。佛陀教导我们赚钱与花钱的方式，赚钱不是那么难，如何使用才重要。赚了钱之后，我们应该要善加利用，将它用在最有意义的用途上。对于需要的东西，不要过量。佛陀说得很详细，但是我们却不是很在意。我们一直都在和别人比较，将赚到的钱悉数花光。

苦——是谁创造了它？我们看不见。人们东拉西扯，但是都没有掌握到问题的根源。根就在这里，但是我们却四顾茫然，还责怪人与环境，因此让事情变得很复杂，其实我们并没有认真对待它。我们一直在身外寻找，并试图操纵外界的事物。

我们四处张望，看见房子与碗盘脏了，我们可以清理它们。接下来，房子与碗盘都干净了，但是心却仍然污秽。当房子一团乱时，我们可能会觉得很不舒服，并起身打扫与清洗。但是心黯淡与抑郁时，我们却看不到，还埋怨悲惨的处境。想到这一点，我们真的很可怜。

如果我们能像打扫房子一样地清理我们的心，像清洗衣服与碗盘一样地清洗心，我们可能会自在一点。但是这样的说法，可能很难让人接受，这就像是人们根本毫不在乎碗盘是否干净一样，那是一种不关心的无知。我们必须实际去做并清洗，否则永远无法达到正见，心将一直处在肮脏与无知的状态。

佛陀说心并没有努力看清楚，而是随波逐流，用我们的话来说就是"跟着情绪走"。在家里，今天我们相爱，明天又不喜欢。今天我们很爱小孩，明天却被他们气得半死。为什么会这样？为什么它会不稳定？因为心没有受过训练。爱与恨都会让它痛苦，太多会痛苦，太少也会痛苦。我们究竟应该如何自处？

安住之所

你已经找到可以安住的地方了吗？我们一直想找个好地方住。经过多少岁月，寻寻觅觅，你现在是否还在寻找？为什么？

一对夫妻住在一起，其实没有什么好争吵的，但是他们却吵个不停，甚至晚上还会离家出走——虽然隔天一般都会再回来。这真的很麻烦，我这样想是因为人们找不到真正的住处。我们没有清理真正需要清理的地方，我们在别处刷洗与打扫，却没有保持心的清净，因此才会一直感到迷惑。我们总是向外看，而佛陀教导我们转向内，向内观心，看看心里有什么。

最近什么事都变得勉强与仓促。现在的杧果再也不甜了，因为在成熟之前，它们就被催生，并且被提前采摘与催熟。因为人们想要快速收成，所以吃起来会觉得酸。这都是为了满足人们追求快速的欲望。想要品质好、东西甜，你就必须先让它酸，照着自然的方式进行。但是我们却太早将它们摘下来，然后再抱怨它们是酸的。

多数的事情都只是假象，我们却认定这些错误与不确定的事物为真实。佛陀希望我们看见真实，而非虚假。但是最近人们却完全颠倒，他们真假莫辨。当这种情况发生时，什么想法都可能出现，假造的事物被当成真的。面对这种情况，佛陀教导我们向内看。如果心看不见或不了解，那就不是真实之道。

有教养的饿鬼

佛陀说像我这样的一个老师，也可能会变成饿鬼——一个有教养的饿鬼。这是怎么一回事呢？我想说一个故事，一个很有意思的寓言。这个故事有点长，请你们耐心听下去。

有一个大善人，只要是有益于人的事，他都会全力以赴。他做事很精细，甚至有些挑剔。每件事都要求整洁有序，当他的小孩、侄女或外甥来访时，他都会有些不高兴。无论是扫帚或水壶，都一定得放在固定的位置上。如果有人不照着他的方式做，他就会不高兴。

不过，他是一位善良而严谨的好人。有一天，他想要在森林里盖一座供人休憩的会堂（sālā）："嗯！在这里盖一座会堂不错，可以为我累积更多的功德……商贾与旅人都可以在此落脚与休息，他们将会感到非常舒适与感激。"打定主意之后，他便开始建造，供人使用……

后来，他去世了。在他死后，因为执著于自己的善行，他的意识回来住在这里，这个过去他生活与行善的地方。他常去审视那间会堂，看看有没有整理好。当他发现有些地方凌乱时，他就很沮丧。当他看见那里整齐清洁时，他就很高兴。因为他的心就像这样——善良、整洁与一丝不苟。

有一天，好几百个商人来此逗留，吃完饭后，就去睡觉，躺成一长列。

这个会堂的主人，现在成了"有教养的"饿鬼，前来审视他们的睡相是否整齐。上下左右环顾之后，他发现他们的头没有排成一条直线，于是他开始拉他们的脚，以将头排正。他不停地拉，一列接着一列，直到都调整好为止。但是，接着他看他们的脚，现在脚又参差不齐了，怎么办？因此他又开始拉他们的头，以调整脚的位置。

好不容易完成后，他发现头的位置又歪了。他很纳闷："这究竟是怎么一回事？"他就这样折腾了一整夜，片刻也不得安宁。终于他放弃了。他试着坐下来检讨其中的原因，忽然灵光一现：每个人都不一样。他们的身高不同，因此无法排成一条直线。他心中的石头终于得以放下，因为他看见有些人高、有些人矮，事实就是如此。

他放下了，并且觉得好一点，因为他看见每个人都不一样。先前，他期望他们都一样。当他们不一样时，他就想要让他们一样。不过这是不可能的，因此他才会痛苦。接着他停下来思维这件事，才看见实相："啊，人就像那样，他们都不一样高。"他才觉得好一点。

执著之苦

我们的情况也是一样。我们必须看见事情的因，必须看见人都是不一样的。这是一件值得深思的事，因为有些事是我们无法改变的，我们不能砍掉他们的脚，好让他们都一样高。执著会让我们陷入错误的欲望与想象中。

我们每个人就像这样，有不同的工作与职责，有些人比较快速而有效率，有些人则比较慢——存在着各种差异。如果见解错误，很容易就沦为饿鬼。我也一样，一不留意就会变成饿鬼，但是我会很快觉醒："嘿！你快变成饿鬼了，快斩断它。"

我有弟子，我希望他们进步，能照着我的训练方式发展。有时候我会为此而苦恼,当这种情况出现时,我会提醒自己:"我已经再一次变成饿鬼了。"我随时都这样教导自己。

用这样的方式,我们可以经常"转生"成饿鬼。但是我们不会轻易放弃,我们必须教导自己更娴熟地处理事情,了解其间的因果。接着,我们才可以如实地看待众生,随顺他们本来的样子,并且可以放下,保持轻松自在。我们可能会希望他们成为某种样子,不过问题不在他们,而在我们。我们的心被遮蔽了,因此才会归咎给他人。事情不是那样,都是我们的缘故。每个人都不一样,但是我们却期望他们一样,如果我们能根据看见的事实去处理事情,问题就解决了。

有些人骑摩托车,因为失去控制而摔倒,他却说:"是摩托车让我摔倒。"事实上,是他让摩托车摔倒,因为他没骑好,但是他却归咎给车子。

放逸者无法受教

总结来说,小孩与成人的情况不同。如果小孩犯错,你愿意原谅他们,因为他们不懂事;如果是成人犯错,人们就不愿意原谅,因为他们应该更懂事才对。佛陀说不知道对错的人,可以教他们知道;但是知道却不照做的人,就无可救药了。那些人被称为放逸者,无法受教。

那些结局悲惨者,都是不知自省的人。我们总是看其他的人与事,看外面迷人的事物,想从外界寻找快乐;从来没有向内挖掘,没有在自己身上用功,让它变得光明与澄澈。结果当然就是经常陷入挫折与迷惑中。我们看到的都是黑暗,为什么?因为眼睛不好,我们埋怨黑暗,看不见光明与色彩，因此说它们根本就不存在。好吧！那是真的——对盲人来说，不过，其实我们是在无病呻吟。问题出在眼睛，所以才什么也看不见，包括光线与色彩；如果眼睛正常，那些事物全部会显现，我们也会知道它们是什么。我们并没有真的去审视这个问题，通常我们都是看别的地方，因此得不到快乐。我们应该学习让自己的生命喜悦，那真的有方法可以达成。

出家的生活
——人们为什么要出家？[5]

V医师：我想告诉您一个我亲戚的故事。这个家庭有一个他们认为很有学习潜力的孩子，因此他们做了许多牺牲，供他去读大学。在学校时，他开始对佛法产生兴趣，并乐此不疲。

他的父母原本冀望他能找到一份好工作，成为家庭的支柱。每个人都为了他的就学而做出牺牲，但是毕业前，他一直沉浸于佛法中，并且想要出家。他的父母难过得掉眼泪，并且对宗教感到失望，但是最后他们还是必须答应让他出家。

我不上寺庙，根据我的观点，世界分成两大部分，在家与出家。我必须就业以养活家庭，我对于家庭、社会与国家都有责任。我来这里得到一个印象，有些人希望每个人都出家。但是作为一个在家人，我能造福社会与人群，我支撑我的家庭，并带给他们快乐。我可以在这个职位上支持佛教（sāsana），但是如果每个人都出家，比丘与比丘尼就得下田工作，以及做生意，没有时间修行与教学。

因此当我听到这个年轻人的故事时，我认为他让父母亲伤透了心，这是一项罪过，一个可怕的罪过。他对他的父母与亲人造了恶业，那是一项自私的行为，只是满足他自己的欲望而已。

阿姜查：确实如此，医生。但是我要问你一个问题，一公斤的铅与一公斤的黄金，何者较有价值？给你的话，你会选择哪一项？

V医师：黄金。

阿姜查：生命也是如此。当对象非常明确时，你会选择有价值的事物——黄金。同样地，这个年轻人也作出了他的选择。你为什么选择黄金呢？

V医师：因为它有价值。

阿姜查：这就对了，因此请不要那样想。不是不可以想，而是应该观察如何才正确。此外，你不需要担心每个人都出家的话，没有人来"建设"这个世界。

例如，当他们需要雇用乐师时，你不必担心，他们只会雇用会演奏的人，不会雇用你或其他人。不是每个人都会出家，也不会都没有人出家——就是不会有这样的事。只要具有信心与智慧的人都会这样做……他们不应该受到压抑。

我过去也曾经想过："既然杀生不对，那么每天都吃辣椒酱如何？"谁能那样做？谁能每天都捣碎辣椒给我们吃？我们不能说出如此不着边际的话。

出家的动机不是为了伤害父母或我们的家族。我们看见我们的家庭仍然陷在痛苦中，但是其他人的看法可能不同，就像铅与黄金的选择一样。决定出家的人视这个世间如铅，因此他们选择出家。我们不想要世间、家庭，以及其他会毁坏的东西，但是很少人能理解这一点。手有手心与手背，但是目光却只能看到一边。

当人们以清净的动机出家时，他们也会感受到苦谛的苦，因为他们是依据法去看事情。你可以说它是恶业，不过这么一来，佛陀还真的造了很多恶业！说到底，这个动机不是自私的，它将能带给这个家庭光明。

现在，在我的寺里，有一个留学的比丘，最后决定出家。他的父亲起初很难过，不过现在他来这里，已经不会再希望儿子离开寺院了。一开始，我们看不出寺院的价值，但是智慧渐增之后，我们就了解，它真的有价值。哦！别担心，没有那么多人想出家，还是有许多人想留在世间，它不会空掉的。

人们出家后将停止造恶业，并且努力帮助众生了解、喜悦与冷静地生活，修习正命、和谐共处、彼此帮助、没有伤害与剥削地生活……不是每个人都会出家，别想太多，每个人都不一样。世间不是像你想的那样，否则，它就不是世间了。

生命的选择

V医师：好的，我了解。关于修福，我有这样的问题。修福应该是带给自己或别人快乐，我却看到人们为了修福，告诉他们的孩子："不要吃最贵的水果，把它们留着供养僧伽。"难道这不会造成别人的负担吗？这也是我反对年轻人一毕业就出家的原因。难道善行不是为了带给自己与其他人快乐与满足吗？这个人修福的做法，就好像偷了别人的钱包去供养一样，而这笔钱可能正是被偷者的小孩的救命钱。

出家比丘的使命是宣扬佛法，但是最近到处都是阿姜。每个人都想让自己像佛陀一样。佛陀是创始者，他是为了利益众生而建立佛教。因为其他人看不到法，所以他离开家去打开他们的眼睛。但是现在已经有这么多法师了，大家都在传授佛法，这就够了。这个年轻人模仿你们或佛陀的举动似乎不太需要。如果他能再等个几年，或许不会那么令大家伤心，不会造成他们的困扰，并且能带给他们快乐。我反对是因为他没有等到恰当的时机，他应该再等几年，他挑错了时间，因此我说它是罪过。

阿姜查：谁能知道正确的时间？

V 医师：如果他能笃定地等上 7 年再出家，就很好。当然，如果等待的这 7 年中他成了酒鬼，那就错了。除了那样的情况之外，他应该等上 7 年。

阿姜查：你说等，你怎么确定他有时间？你说等 7 年，但是死会等人吗？你能和死亡商量吗？每个人都想，但是谁办得到？如果他是这样想的，他就会想出家。他不是像你那样想，他了解法的永恒与时间的急迫，因此你能告诉他怎么做吗？

V 医师（颤抖地说）：我认为他很自私，他只想到自己的法喜，而没有考虑到别人。

阿姜查：如果是这样，请你想一想，学医也是出自你自己的兴趣，对吗？

V 医师：是的。

阿姜查：为什么？因为有自我，就有自私。佛陀曾经谈到这点。"自我"这个词只是一个概念，我们看别人，他们和我们一样都有个我，其实他们只是地、水、火、风四大的组合。佛陀明白这点，所以他教导无我的道理。因此自私是怎么来的？相信有一个自我，才会有自私。主张自我者，都是将四大看成个人，佛陀则只看到一堆瞬间聚合的事物。但是我们不能这么讲，因为人们无法理解。

我只说一两句话，让你们自己去想。当我说前进、后退或停止时，你们能领会到这些话的意思；但是如果我只是在心里想而不说，那是什么？有个人已经到达这里，但是其他人则还在别处。你们听了，却不了解。了解是个问题，因为这是超越的语言，是佛陀的话。当我们"长大"以后，我们就能了解。

世间的方式和法的方式不同。我们必须对一般人说前进这些话，但是那无法代表全部。我们说人有因果，对吧！但是对凡愚与智者而言，还是不一样，它们的结果不同。佛陀说："我凌驾因果，超越生死。"

孩提时，当你看见气球，你会很兴奋，想要玩。但是你现在看见气球，还会想玩吗？

V医师：不。

阿姜查：为什么不？

V医师：因为没意思。

阿姜查：你长大了，对吗？当你还是小孩时，你看见气球，觉得很珍贵，充满欢乐，当它破掉时，你可能还会哭。但是现在则不一样了，如果有人问你："医师，你想玩气球吗？"你已经不感兴趣了。

不过，小孩子可能会向你抗议，他们会说："当然，气球很好玩，也很珍贵。"那么谁才对？谁能辩得赢？如果分别从小孩与成人的角度来看，则他们都是对的。

这些问题很好，请继续问下去。

V医师：好吧，我有另一个问题，是关于B太太的。10年前或更早以前，她曾经跑去求圣水加持，无论哪里在举行法事，她都会去。她曾经邀我一起去，但是被我拒绝了。我说，我并没有造恶业，还为了帮助别人而努力工作，那是出于善意的行为。如果有误会，或做了不适当的事，我仍然没有恶意去造成别人的伤害，因此我相信自己没有造恶业。我相信无论哪一种宗教，都是教人要慈悲行善、造福世间并保持纯净。如果行为自私，我们就完了，我们没有尽到对世间的责任。

我相信一切端视我们的心，无论这样做是否能获得功德。如果我们的行为是出自无害的动机，想要解决问题，并且够纯净……我们看见人们到了适婚年龄时，就会依照习俗出家，但是他们的心却不纯净或平静。他们对于穿上僧袍显得有些不安、担心或沉重，因此这样做其实并没好处。如果人们出家后能行善，那也得依靠他们的心。像放食物到僧众钵里这件事，我就不做。我太太总是一早就出去布施，我则不然。我不想依照习俗，脱下鞋子去供养食物，但是我的心里绝无不好的想法。

丧葬的奉献，或放食物到钵里——人们都做这些事，但是心里却仍然有贪、嗔、痴，会造成别人的痛苦。与其求取这些功德，还不如让心静下来，或为他人谋福利，这样岂不更好？

阿姜查：这里有两个问题。首先，为什么你的妻子喜欢做那些事？医师，你家的四周有养鸡，你会给它们衬衫、裤子或手表吗？你给它们什么？

V 医师：米粒。

阿姜查：对，那对鸡才有用。裤子与衬衫是给人用，而不是给鸡的，鸡想吃米。因此你必须知道众生的需求。

其次，你说到不想供养食物，但是心意却是好的。如果一个人很勤奋，那么他会拒绝工作、洗碗盘，或打扫房子吗？我们现在谈的是努力工作的人，而不是懒惰的人。

V 医师：答案显而易见。

第三章　修法

阿姜查：对，因此我们现在谈的是有信心的人……你的话很合理，但是扯太远了。应该先拉回来，否则超过因的话，就得不到结果了。有信心的人想实施礼拜，供养食物（pūjā），并做其他举动。他们应该带着智慧去做，当然不能傻傻的。此外，你说到自己是个认真工作的人，只关心你认为重要的事。如果你看见房子一团乱，你能够视若无睹吗？如果盘子脏了，你能够不洗吗？如果狗儿在地板上便溺，你会放任不管吗？因此，修行人虽然形式有所不同，但是做的事是一样的。勤奋的人看见应该做的事，他们就会去做。你为什么要清理老鼠与狗的大便呢？因为你是个能觉知，并勇于负责的人。因此佛教徒并非超然物外、不问世事的。至于祈求圣水加持，那是他们的层次；我们无法强迫鸡吃米，一切都随顺自然的因缘。

好，很好！一个小时不太够，将这些问题都提出来吧。

是日已过
——对巴蓬寺尼众之讲话

我们既然出家了,就应该觉知我们的责任。我们应该怎么做、怎么想或怎么说?现在,我们正在做什么、想什么——心里有贪或瞋吗?我们对别人有恶意吗?现在就看,赶快并作出决定。又过了一天一夜,我们只会坐在这里受苦吗?

佛陀曾经谈到这点。如果他还在世,他也会用这样的方式对我们说。在经典中,他说:"日夜无情地流逝,我们是否善用时间?"这个劝诫似乎很短,是个简短的陈述,但是他却一再强调。我们每一个人都应该保持正念,既然出家了,就应该知道我们的责任。

我们都想断除烦恼,但是我们认识烦恼吗?那些我们想去除的不善法,我们已经知道它们是什么了吗?烦恼是已经被断除了,或是正在断除中?它们是完全被断除,或只是被压抑,或是我们还得再继续忍受?它们现在确实的状况如何?我们的行为、思想与说话是否像个沙门(samaṇa,即出家人)?我们是否像个沙门一样地使用生活必需品?佛陀提出这些问题,促使我们下定决心。为什么?因为日夜不停地流逝,我们还能继续在此修行吗?我们还有贪念与瞋心,必须赶快禅修加以断除。

出家后，身为比丘尼，你们已经进入一个不同于在家人的"性别"。你们的想法还是和那些贪图享乐的人一样吗？能割舍得掉吗？已经没有多少时间了，因为一天又过去了。事情不断变化，没有一件事是稳定与恒常的。你们想放逸地生活吗？心里是否还有贪染？会自寻烦恼吗？为何无法放下贪、嗔、痴？你们必须看出它们的过患，除非看出过患，否则永远无法断除。你们还是会后悔，后悔自己"遗失"了烦恼。即使已经出家十年、二十年，甚至一辈子、两辈子……你们还是会继续像这样。如果没有正确的指导，你们很容易就会变成这样子。

正见令我们心安

我们为什么会有嗔？因为错误的想法与知见；为什么会有痴？因为无明；为什么会有贪？……错误的见解带给我们痛苦，让我们无法安心。只有正见才能令我们心安。唯有见解正确，才能心安理得，不会有贪、嗔、痴。因为你已经看见它们的过患，不会再紧抓着它们不放。恶念还是会生起，但是你会懂得放下，放弃它们，让它们从你的身边过去。

为什么应该放下？因为你的生命短促，你的时间紧迫。它为什么短促？因为你看见日夜不停流逝。你为什么要制造痛苦？你为什么要执著？那都只会浪费你宝贵的时间。因此何不放下呢？如果你能像这样认真思维，就一定会放下。

有正见的地方，就有平静。不知道这点，即使独居也静不下来。

团体生活很难保持平静。没有平静，是因为没有正见。在一个团体里，每个人都不一样，不过还是会有一些共同的特色。就像鸟类一样，虽然品种不同，不过都还是鸟。有些喙比较长，有些比较短；有些翅膀比较大，有些比较小。但是，它们都是鸟。出家人也是一样，鸟有一定的特性，修行人也有一定的特性，那就是平静。

修行就是为了让心平静，没有智慧的话，我们办不到这点。

即使住的地方很豪华，食物也很丰盛，但是心却可能不平静。必须断除一切恶念，才可能获得平静，不过如果没有看清实相，就不可能办得到。

审视自己，步步为营

如此思维过后，我们就应该下定决心，努力去做。最近，你们可以听到在家人说，巴蓬寺是座模范寺院，是修行的范本，人们说这里的出家人都表现良好。我们听到了这些赞美，但是我们真的有这么好吗？"尼众们都是好行者，拥有良好的行为与律仪，值得相信与奉献。"——你们真的这么好，还是只是别人说得很好？只是因为人们这样说，我们才好吗？我们应该审视自己，以确定我们的想法与做法都很适当。受到称赞时，你们必须反省它是否确实；被诋毁与批评时，你们也应该检讨是否确有实情。应该像这样检视自己，步步为营。

如果我们不是那么好，却受到称赞，就应该坦白地说他们错了，因为我们并没有那么好。不应该在有烦恼与欲望的情况下，还自以为是。相反的，你应该加强修行，更要注意修行的根本，并经常观察身、口、意，看看是否有缺点。

我们应该抱着自修与独居的心态，与人共住。我们无须沮丧或分心，而是应该忍耐。如果有人说话刺伤了我们，我们只要如实觉知即可。有些人可能粗心大意，有些人可能说话或行为不当，你都要忍耐。如果时机恰当，我们可以劝告他们，不过在此之前，我们应该先管好自己。如果对方不听劝诫，可能导致对立。劝诫别人时，我们自己一定要先站稳。无论别人怎么说我们，批评或是有其他举动，我们都不应该介意或怀疑，因为我们知道自己做得对。当劝诫的时机成熟时，我们就应该义无反顾地去做。如果他们听得进去，那很好。如果听不进去，那是他们的事。想要指正他人者，应该有这样的态度。

进到法里，向内观心

如果我们是被劝诫的人——听到像"你错了，你说得不对，你的行为很坏"等话时——我们应该要听得进去。他们说的是真的吗？如果是真的，我们应该坦然接受。如果不是真的，那是他们的想法或做法错误，是他们自己的事。我们应该放下，然后重新进到法里。所谓进到法里，就是向内观心。我们应该检视自己的心，确定思想与行为的动机无误，以保证自己没有犯错。如果我们知道自己动机良好，就不必在意别人的指控与批评。俗话说："一个人应该自己劝告自己。"你们不能总是依靠我的劝诫，那会让你们变笨。你们每个人都必须控制自己的心，好自为之。我的职责是教导你们如何去做，知道自己的行为是否正确，以及是否合乎沙门的规范。

因此，他们说巴蓬寺是模范寺院，有些人说我是阿罗汉，是这样吗？那只是别人的说法，真的如此吗？事实在我身上。当他们说："那边有个阿罗汉！阿罗汉出现了！"我应该为此而高兴吗？无论我是不是，那都是别人说的。我们无法禁止别人说话，但是我们必须观察自己，是不是真的，只有我们自己知道。我们不需要依靠别人的话，我们这样唤醒自己，无论他们说什么，也都是在唤醒我们。你们应该了解自己，而不应该只是相信别人的话。请保持这样的观点。

特别是有老人家在这里——也许已经六七十岁了——请清楚觉知日夜不停地流逝。今天很快就过去了,太阳刚在白天升起,一天又要结束了。请下定决心,不要再让心晃荡。不要被别人困扰与迷惑,做一个容易沟通、容易教导、不骄傲与不顽固的人。有自己的见解没什么不对——你们一直都有——但是不要被它们绑住了,因而陷入观念的泥淖中。放下它们,让它们离开。如果不这样做,它们就会变得愈来愈沉重。

五蕴沉重,舍弃吧!

佛陀教我们要舍弃五蕴,因为它们很沉重。色、受、想、行、识——这些都是沉重的包袱。有朝一日,我们一定会被它们压垮!背着这个被我们视为自我或个人的五蕴到处跑,当然会很沉重。佛陀说:"请放下它们!"过去我们一直执著于这个身体是我们的,执著于快乐与痛苦的感受是我们的。不要这么做!太沉重了!佛陀希望我们放下。

saññā 是想,是指记忆与想念。称它为你的自我太沉重了,让它走,觉知后放下吧! saṇkhāra 是行,是指一切身心的因缘法,不要执著,它们太沉重了。识,觉知的机能,也一样。如果你执著于这五蕴为自我,就太沉重了。它们只是单纯的色法、感受、想念、行法与意识,没有人主宰它们,执著于它们太沉重了。放下它们吧。它们只是积聚而成的蕴,只是色、受、想……记住这个"只是",不要握得太紧。如果你像这样觉知它们,解脱很快就会来到。摆在它前面的是约定俗成的惯例与名称——"我"与"我的"。现在你们知道它只是蕴,也知道应该放下,你们已经超越世俗的理解。先前,你们执著于这五蕴,太沉重了；如今，放下之后，就轻松了，事情也结束了。

有人劝诫，太棒了！

如果有人劝告我们，我们应该欣然接受，并且说道："sādhu（太棒了）！"我们没有花钱聘请他们，他们仍然给我们忠告。即使被误解了，我们还是应该高兴地聆听。智慧将会生起，他们正在赐给我们宝贵的东西。

禅宗教人要谦虚，不可骄傲。他们不强调学问，当他们坐禅时，有人会拿一根禅杖在后面巡视。如果有人打瞌睡，就会挨打。之后，他会合掌道谢："谢谢你，老师！谢谢你打我，谢谢你唤醒我。"而我们呢？我们会道谢吗？也许我应该派一个人拿棍子在后面巡视，如果有人睡觉，就打！你们认为如何？你们能接受吗？

做一个老师或受尊敬的长者很难，没有人敢劝诫我们，因为他们感到敬畏与尊崇。倒是你们比丘尼与在家众比较占便宜，因为我经常劝诫你们，并指出事情的重点。但是如果我错了，因为传统上对阿姜的畏惧与敬意，没有人会告诉我。因此对一个长者来说，修行会变得比较难。我们也可能犯错，但是没有人会指正我们，我们将逐渐忽视自己的缺失。其实根本不需要过度尊崇。

我们在这里相当舒适，因此如果偶尔我们犯错了，有人说了一些话，我们应该视之为大事。不要想逃避或争辩，看着它，并了解究竟是怎么一回事。

学习长者的美德

我们住在一个很大的团体里，当你准备要做某件事时，应该先知会领导人。例如在巴蓬寺这里，比丘与比丘尼们都应该先想到我，因为我是这里的住持，是负责领导与劝诫你们的人。如果你们准备要做不确定的事，它可能会造成不安，请先想到我，因为我是负责教导与劝诫你们的人。有个地方可以停靠，包括这座寺院与住处，你们应该想到我。我可以说是这里的创始者，因为是我第一个来到这里，你们都是后来才陆续轻松住进来的。因此如果你们能够想到我的苦心，即使是片刻都好。"这么做对吗？能带来利益吗？"

你们在这里修行应该学习长者们的美德，则修行的过程就能充满和谐与喜悦。你们应该经常想到比丘尼长老们，当你们行动时，则请记得我。我有向你们收取住在这里的租金吗？如果你们去旅馆，一定得付费才能居住，但是在寺院里则不需要。你们应该想到这点，晚上回到自己的寮房（kuṭī）时，请好好想一想。我有从你们身上得到什么好处吗？身为一名比丘，我没有分别心。我收留一切想住在这里的人，我的立意良善，我以法的方式爱你们，而非世俗的方式，所以不需要有任何争执或害怕被剥削。如果有什么事不对，你们应该前来说清楚。

你们有些人从来没有问过我任何事情，不只是比丘尼，有一些比丘我也从来没有和他们谈过话。我们是一个大团体，因此可能发生这样的事。如果你恰好是其中之一，可能就会比较辛苦。因此你们所有人都必须靠自己，加强自己的修行，尽量照顾好自己。

从小事做起

我们必须了解，大众前来这里参访比丘、比丘尼与寺院，他们不需要问你们任何问题，只需看你们的寮房与地板。如果地方整齐清洁，每一件东西都归位，这就是沙门的行为，人们自然会生起信心。我们不需要对他们说教，只要随手整理好乱掉的东西即可。当我还年轻时，我经常抽空到寺院周遭走动，看看寮房与森林里的步道。若是发现寮房与浴室都很干净，道路也非常整洁，我就知道这个人是个好修行人；如果他还没开始修行，那么不久的将来，他一定会是个好修行者。

有些人小看这点，认为这只是小事，其实它不是。当我看见一间肮脏的浴室时，它告诉我这个人一定很粗心，那是粗鄙的象征。像这样的人，根本谈不上修行。我会问其他人，这是谁的浴室，怎么会乱七八糟。不只桶子里没有水，还到处都是白蚁，并且墙上挂着蜘蛛丝，地板则脏兮兮。"因为种种缘故，他说他因为忙于修禅，所以没有时间清理浴室。"他究竟是修什么禅，怎么会把浴室搞成这样？我们这里所有人都很注意周遭事物，并且彼此帮忙照料。事物本身就在说法，它会让人产生信心。

只需要好好修行

森林里的树有向我们说些什么吗？有时候我们喜欢其中一些树，会觉得它们看起来很美，而且闻起来很香，等等。树只是照着它们的本性成长，而站在我们的立场，则会对它们产生好印象。这很像寺院里的情况，我们不需要教导别人，试着灌输他们一些东西。我们只需要通过修行，好好发展自己，这样自然就能吸引他们。

关于这点我曾经想了很久。出家 6 年之后，我就在想，盖一间寺院到底需要哪些东西。最后我得到一个结论，那就是好好修行最重要。不需要担心其他事情，我们不需要去募捐，或公开宣传。如果我们真的在修行，则住处、食物、衣服与药物等必需品都会不请自来。

我真的相信，如果你好好修行，诸天都会知道。他们会在你身边聚集，至少，他们会想供养食物。如果不这么做，他们就会头痛欲裂。他们一定会想来，不只是这里，即使是山上也一样。无论你在哪里，这都会发生。虽然他们并不认识你，之前也没有看过或听过你，他们仍会被你修行的美德吸引而来。

因此，修行对我们来说是最重要的事，如果我们能贯彻修行，就不会有任何问题与障碍。如果你要盖一座寺院，你无须要求任何东西，人们会自动提供你所需要的物资。他们会自己来盖，我们不需要请求别人帮忙。他们自动自发，是因为我们美德的感召。它会源源不断地出现。我们之所以能住在这里，是因为我们的善业与良好的修行。如果僧团里有纠纷，如果住持仍有凡心，如果这里争执不断，那将会如何？他们可能会来把我们都烧了。

有舍，便不虞匮乏

切记，我们今天能住在这里，是因为我们的修行，使得在家人愿意护持。我尽量留在寺里，以防物资缺乏。有一年，我外出，寺里的东西开始耗尽：没有香、没有蜡烛、没有煤油，几乎所有的东西都快没了。没有人前来供养，为什么？因为这里有修证的人太少了。当我回来时，你们都很高兴看见我："隆波回来了，现在又可以好好吃顿饭了。"我离开，一切好东西也跟着离开，是谁带走它们？只是因为你们德行不够的缘故。好好修行，这就不会发生。你们不需要担心，只要认真修行即可。

无论去到哪里，我都不虞匮乏。为什么？因为舍。如果想要，我随时都可以有满袋的供养品，但是我宁可与巴蓬寺以及别院里的僧尼分享。有时候人们特别拿药来给我，如果恰好另一个比丘也生病并且需要，我会请他们拿给他。如果他用了药，我就觉得好一点。我变好是因为布施的功德，我不需要亲自服药。

法药的力量

有一次，舍利弗与目犍连住在山上，舍利弗觉得胃很痛，甚至觉得他快死了。目犍连问他："你以前曾经像这样生病吗？"

舍利弗回答："是的，曾经有过，那是还没出家之前的事。"

"你都服用什么药呢？"

"以前出现这种情况时，我的母亲会将绿豆加牛奶、糖与其他原料，一起煮沸，我吃下之后，疼痛就会消失了。"

那里只有他们两人，在山上交谈。那个地方的神祇听到了他们的谈话，便在入夜时分，下山寻找在家信徒。他抓住这个信徒的脖子，并拖着他的儿子一起往外跑，沿路显得非常紧张。他为什么要这样折腾他们呢？"你们肯为舍利弗尊者准备一些药吗？如果不给他药，他就会死掉，你们要让舍利弗尊者死掉吗？"

信徒这时才了解，他允诺会赶紧准备药。接着神祇就消失了，这个人赶忙找来一些绿豆，连夜赶工。

到了早上，目犍连出去托钵，舍利弗则因为胃痛无法外出。于是信徒献上绿豆与其他一些食物，"我希望把这个供养给舍利弗尊者"，接着他就将药食放进钵里。

当目犍连回到寺里，他先取出自己的食物，再把装着舍利弗食物的钵拿给他。舍利弗看见钵里装的是绿豆，调制的方式就和他昨晚向目犍连描述的一模一样。

舍利弗很难过,这违反比丘的戒律——不当请求。"目犍连尊者,请把这些食物倒掉,没有亲自拜访得来的食物是不当的,我不能接受。"他要誓死守护戒律。当他说这些话时,所有神祇都听到了。于是目犍连拿起钵往外倒,就在药食落地的那一刻,舍利弗的疼痛消失了。

这就是所谓的法药,它的力量与功德就像这样。舍利弗修行得很彻底,即使只是两个人单独在山上说话被神祇听到,即使是神祇设法筹到了必需的食物来给他,但是为了守戒,舍利弗竟能拒食。他就是这样守护他的心。

修行就应该像这样,请将它牢记在心。你不会死!今天,用完餐后,你们无须担心明天会有什么,它自己会来。我们不需要囤积东西,如果我们修行得好,就一定会有资粮。不供养认真与有德的修行者的人,心里会不好过,他们会头痛,因此他们会想献上敬意与供养。因为这个力量,人们自然会有这种想法。

注 释

[1] 巴蓬寺是 1959 年,阿姜查 40 岁时,在泰国乌汶省他出生村落旁的巴蓬(Phong Pond)森林里,创立的森林寺院,阿姜查是该寺的住持。

[2] 讲于 1979 年,在美国马萨诸塞州巴尔市举行。

[3] 阿姜宛·乌答摩(Wang Uttamo, 1922–1980)1922 年出生于泰国距亚姆河 7 公里远的空掌村,1935 年,阿姜宛完成了小学教育,出家为沙弥,学习正规佛学课程。1941 年受比丘戒,研读最高级的正规佛学课程,并以最优异的成绩通过考试。阿姜宛于 1945 年遇见 76 岁的阿姜曼,之后一直留在阿姜曼身边,直到阿姜曼逝世。阿姜宛在 1980 年的事故中丧生,当时阿姜宛 58 岁。

[4] 阿姜李·谭马塔洛（Lee Thammatharo, 1907–1961）出生于泰国乌汶省姆安桑西县双沼泽村。1925年，当时已经20岁的他请求父亲允许其出家，于是，他在家乡的寺院里，依当地的习俗出家。同年，在乌汶省的家乡寺院受戒。1927年，阿姜李离开老挝族传统的村落寺院，行脚寻找阿姜曼，遇见阿姜曼后受其教诲。

[5] 与一位曼谷空军医师的部分对话。

第四章　见法

作为一个了解法的人,
我们会在一切事情上看见法,
看见五蕴的特质——它们持续在流动、
前进、改变与转化,
没有一刻停止。

憍陈如觉悟了

我们都是修法者，一切法都是自然，如实呈现。自然毫无例外全都是法，我们不了解那些事，是因为我们还不懂修行之道，因此我们需要依赖合格老师的教导与训练。自然也在教导我们，例如树这样的东西，从它的因出生之后，便接着生长。这是自然在对我们说法，但是我们却听不懂。从出生、成长，到开花与结果，这一路下来，我们只看见又有水果可以吃了，而不知道将它转为内观的对象。我们应该知道法不外乎教导我们的树，我们一直不了解这点。

当树结果时，我们毫不在意地采食，完全不假思索。水果的酸味与甜味都是其自然的本质，这些特性就是法。这些水果都在对我们说法，但是我们却不了解。树叶枯萎之后掉落，我们只看见叶子掉了，便从上面踩过，或把它们扫起来，不做任何观察。我们不了解这就是法，等着我们听出其中的讯息。

树叶掉了，接着再冒出新芽。我们看见这个循环，但是并没有认真思考过，因此没有从它身上学到任何东西。如果我们能转而内观，就会了解我们自己的生与死，和树没有两样。这个身体是好几个因组成的果，是由四大元素所构成。它也会结出不同的果实，就和树一样。

枯叶与新芽也和人的生命没有两样，请仔细观察。我们在持续成长，因缘也一直在变化，就和树一样；树是怎样，我们就是怎样。所有人都是从出生开始，中间是变化的阶段——它们的物质结构变得和以前不一样，最后则死去。树、藤与灌木的自然现象，都是持续处在流动的状态，如果我们转而内观，就会了解自身的生、老、病、死，就和外面所见一般。

看见五蕴特质

当你从合格老师的话里了解法时，它真的会穿透你的心——内外如一。一切行，无论有识或无识都一样，毫无差别。如果我们了解这点，再看看树的样子，我们就会看见身体的色、受、想、行、识等五蕴的本质。有了这样的了解之后，我们就可以被称为了解法的人。

作为一个了解法的人，我们会在一切事情上看见法，看见五蕴的特质——它们持续在流动、前进、改变与转化，没有一刻停止。无论行、住、坐、卧，我们都应该随时保持正念正知。看外面的物体和看内在的现象一样，而看内在的现象也如同看外面的物体，因为它们都具有相同的本质。当它确实像这样时，我们就听见了佛陀所说的法。有了这样的了解，佛性，亦即"觉知者"，就被唤醒了，并会生起内外智慧，以及解说法的能力。

如实觉知事物本质

无论行、住、坐、卧、见色、听音或嗅香，我们都经常听见佛陀的教导。那确实很像是佛陀在教导我们，因为佛陀就是住在我们心里的"觉知者"。像这样觉知、看见与观察法，佛陀就在眼前。不会因为佛陀很早以前就入灭了，所以现在无法教导我们。佛性，亦即内心清明的觉知，会带领我们观察与觉悟一切法。觉悟即佛陀，如果我们把佛陀安置在心中，具备这样的觉知与灵敏，当我们在观察时，就能看见一切事物与我们无二无别。无论是生物、植物、动物、穷人、不幸的人、富人、黑人或白人，都和我们没有差别，因为他们都有共同的特质。有了这样的了解，无论身处何处，我们都能知足与自在。佛陀将会在那里，持续教导与支持我们。

若是缺乏这样的了解，我们会一直想闻法。我们会去找老师，一个接着一个，并且会一直问，何时才能再得到另一次教导，一路走来都不了解法。佛陀说开悟就是如实觉知事物的本质。如果不了解本质，我们一遇到状况，就会陷入混乱。我们因为渴爱而迷失，被现象愚弄，因此而感到痛苦。由于无知与感情用事，所以我们才会被愚弄。对事物本质无知，就是不了解法，因此佛陀才会教导自然的本质。

一切因缘所造

自然的本质不是什么神秘的事情，在自然中，事物出生、改变，然后结束。人所创造出来的物件也一样，例如我们所使用的锅与盘子，也是由人类的想法与动机等因缘创造出来的，它们使用一阵子以后，就会磨损，然后破裂。这是很正常的情况。树、植物、山、动物与人等都一样：出生、变化与衰败，最后崩解与消失。

当憍陈如（Añña Koṇḍañña）行者听到佛陀的话，成为首位声闻弟子时，他所了解的并不是很复杂的东西。他了解到，凡出生者，必然会转变与灭亡，那是事物的本质。先前，憍陈如并不了解这点，他还没有看清楚事实。也许他有想过，但是不够彻底，因此没能出离，仍然执著于五蕴。但是当他第一次坐在佛陀跟前专心闻法时，他心中的佛性觉醒了，因此他能得到真实法，看见诸行无常。一切事物出生之后，必然会转变与灭亡，那是再自然与平常不过的了。

得慧眼见法

憍陈如听到佛法后得到的觉悟，与他以前的经验完全不同。他了解心的实相，佛陀因此在他心中生起了。接着世尊证实憍陈如已经得到慧眼并见法。所谓见法是什么意思呢？他已经得到诸行无常的智慧与洞见，了解一切事物从出生开始，经历中间的转变，最后终会结束的道理。"一切事物"指的是身心的所有现象，这些特征完全适用于它们，无一例外。

当这样的了解清楚地在闻法的憍陈如心中呈现时，它成了让他断除执著的因。相信有一个自我的我见与身见，被清楚看见与根除。一旦我见根除后，心中的疑惑也跟着消失，对于现象不再有错误的想象。他对于事物的认知已经转变，不再执著于戒律与禁制等所生起的谬见，没有疑惑与犹豫，并且深信因果，不再摸索。即使身体生病或遭遇其他变故，他也不会再有任何疑惑。所谓断疑就是断除贪与执，如果还有贪，对于身体的感觉就会藕断丝连，想再寻求其意义，这种摸索就是迷惑。当执著于身体为我与我所有的身见断除，就不会再有不确定与迷惑的想法了。

当世尊说法时，憍陈如就这样打开了法眼，他清楚地看见了。他看见自己对事物的见解已纠正过来，当这个洞见愈来愈清楚与集中时，他的执著就被从根拔除。根除执著之后，真实的觉性就显现了。先前虽然具有知识，但是仍然无法断除执著，亦即他只知道法，但是还没有见到法，或者虽然瞥见法，但是没能与法合一，因为不了解实相的缘故。就这样，世尊宣称："憍陈如觉悟了。"

从根拔除执著

我们通常对自然蒙昧无知，例如，我们的身体，它们是由地、水、火、风所组成，那是自然的一个层面，是眼睛可以看得见的物质现象。这种自然的形式是由食物所滋养，然后成长与变化，最后则消失。

就内在的层面而言，有一个东西在掌管身体，即识或觉知的机能。当这个觉知透过眼睛产生，就称为眼识；透过耳朵，就是耳识；透过鼻子，就是鼻识。依此类推，还有舌识、身识与意识等。经典上提到这六种识，但是这不过是一种约定俗成的概念，用以帮助我们掌握眼、耳、鼻、舌、身、意等六根接触外境后，所产生的觉知的功能。事实上，没有六个，唯有一个觉知的功能，能觉知这六根。这一个心，这个能觉知者，具有如实觉知的潜能。换言之，它能觉知自然的本质。

当"觉知者"被遮蔽时，一切的知都是妄念，以错误的方式认知，并且对事物产生错误的认识。其实，基础的觉察是一样的，没有差别。正见与邪见都是出自同一个觉察，因此当我们说正见与邪见时，我们指的不是两个分开的东西。当妄念呈现时，它掩盖实相并遮蔽了心，因此我们得到错误的觉知。当我们觉知错误时，我们的见解就错误，接着，行为与生计也会错误，一切都会错误，而这些都是源自于错误的认识。

正见邪见出自同一觉察

解脱的道路是出自同一处,依循同样的步骤。正见也是从"觉知者"生起,当正确出现时,不正确就会消失,当它对时,错就会消失。当佛陀在修菩萨行时,他实施严厉的苦行,只靠很少的食物维生,因此身体变得非常憔悴,此时他得到一些洞见。他了解到,过去诸佛都是通过心觉悟,而非通过身体。身体本身什么也不知道,喂不喂它不是重点,其他人甚至可以杀死身体,但是却伤害不了心。在观点改变,得到觉悟,并开始传法之后,他便指出,诸佛的觉悟都是通过修心而得到的。当他深入内观时,他放弃了纵欲与苦行两种极端的行为。他在第一次传法时,清楚地指出这点。

他的第一次传法,扭转了一般人的误解与错误的修行方式,让他们了解,沉溺于欢乐、舒适与快乐的追逐中,或抬高自我来满足自己虚妄的尊荣,都不是解脱之道。至于含有消极、憎恶与嗔恨的极端苦行,则是自我折磨,也丝毫无助于解脱。

离开心的苦乐两端

这两者都不是追求解脱者应该走的道路,它们分别指向得意与沮丧,或放纵与压抑两端。追求解脱的是我们的"觉知者",不应该让它陷入内心极端的反应中。心不应该陷入善或恶的模糊地带,因为那会成为欢乐与悲伤的因。如果对某事感到高兴,就会执著于想象中的善,而那正是放纵的一端;如果认为某事不好,则会执著于憎恶的负面情绪。这是心的苦乐两端,亦即佛陀所归纳出来的纵欲与自虐。

这两条道路都不是沙门（出家人）之路，它们是俗人之路。世俗之人经常在追求欢乐，他们习惯对迷人与讨厌的事物作出极端的反应，并且一直在这两端之间来回摆荡，无法止息。这就是世间的方式，有苦就有乐，反之亦然，辗转相生。这些都是不确定与不稳定的事，因此是世间法，无法令人安心。安心之人，不会走上这两种极端，但是他们看见并清楚地觉知这些事。他们看见欢乐，但是不会误以为真，不会执著于它们，对于讨厌的事物也是一样的态度。

随顺因缘，放下苦乐

这些都是见道者，是平静之人，他们了解什么是看似平静，实际却不平静的方式。结局为沮丧或得意的世间道，是错误的道路。智者虽有经验，但是不会期望从中得到什么意义，因此能够放下这些反应。安心之人不会被这些事情所左右，他会随顺因缘，自然放下乐与苦的经验。当它们被如实觉知时，就无法再兴风作浪了。对于觉者而言，它们已经没有意义，只有纯然的觉知，就像对待冷热等自然现象一样。他们仍然有感受，并非麻木不仁。

因此经上说，阿罗汉已经远离内心的烦恼。事实上，他或她并不是到一个很远的地方。他没有逃离烦恼，烦恼也没有逃离他，就像水中的荷叶一样。荷叶生长于水中，它虽然与水接触，但是并不会被渗透或淹没。

烦恼就是水，行者的心则是荷叶，它们互相接触——荷花不需要回避水——但是仍然彼此分开。行者的心就像这样，它并不逃避。善法来时，它觉知；恶法来时，它也觉知。无论苦乐或好恶，心都清楚觉知，它觉知每一件发生的事。但是它只是觉知而已，不会被渗透；

换言之，心不会贪求与执著于事物。

用法的语言来说，那就是平等心，保持心的平衡与中立。用平常的话说，我们称它为认知，即注意正在发生的事。无须选边站，就像我们遇见某人，他告诉我们一些事情，我们只是记下他所说的话，没有必要相信什么，我们就只是记下来而已。

在世间觉悟

必须持续维持这种态度，因为这些事情就存在于这个世上。佛陀是在世间觉悟，也在世间说法。如果他没有观察并了解世间的实相，当他接触世间时，将无法超越它。在他觉悟之后，这个世间还是和以前一样存在，还是有称赞与批评，还是有名闻、利养与苦乐。如果它们都不存在，觉悟的基础也将跟着消失，因为它们是与觉悟对等存在的事物。当佛陀觉悟时，他体会到世间法欺骗与遮蔽人心的事实。得与失、毁与誉、称与讥、苦与乐，合称世间八法（Eight wordly Dharmas）。如果人的内心跟着这些事情走，受到它们摆布，那就称为俗世与俗人。这八法会破坏八正道，此长则彼消，当它们占据并充塞内心时，要想解脱痛苦就遥遥无期了。心将会被世法所淹没，并且一直处于动荡、焦虑与挫折的状态。

因此经上教导我们开发智慧之道，这条道路用简单的话说，就是将戒、定、慧发展到极致。它们是摧毁世间幻象的机制，是破坏暗藏在迷惑众生心中物欲的道路。只要贪著苦乐与得失，当下内心所呈现的就是世间，心就是世间。此时，世俗的众生已经出生——由渴爱中生出；如果渴爱熄灭，世间就跟着熄灭，因为这个盲目的渴爱正是世间的来源。

八正道与世间八法

八正道与世间八法是一对，这两条道路相互重叠，而非分属不同领域。对于心中乐、得、称、誉的贪著，必定伴随"觉知者"一起出现。当贪著生起时，"觉知者"就被掩蔽了，知见受到扭曲，因而陷落世间；世间就在心中生起。"觉知者"尚未唤醒佛性，因此它无法让自己脱离世俗。当我们以戒、定、慧调伏身、口、意时，很快就会看见藏在心中的世间法。我们将看见自己紧抓着它们，并且看见执著如何产生。借由修行，恢复心的潜能之后，我们就能看见世间与它的起源。佛陀说："比丘们！请将世间看成以宝石装饰而成的战马车，愚人为之目眩神迷，但是智者却视若无物。"要看这个世界，不需要游历泰国或其他国家，只需要看这个沉浸于物欲的心就可以了。只要坐在树下，我们就可以看见世界。

当我们决心修行解脱道时，先坐下来尝试修定，以集中与安定内心。但是，心却无法轻易就集中与安定，我们不要它想，它却一直想。事实上，一个凡人的心，就像坐在红蚂蚁窝上的人一样，太靠近它们，就会被咬。当内心充斥着世间法的我们，用世俗的心开始修行时，以前喜、怒、爱、恨、忧、烦等习惯，都开始浮上台面。这对没有接触过法，并且内心充满物欲的人来说，是很自然的事。我们还没看破，因此无法抵挡它们的势力，所以才会像坐在蚁丘上一样。

我们就坐在它们的家上面，它们当然会上来咬我们。当它们在咬时，我们应该怎么办？我们必须设法消灭它们：放毒药、用土埋，或者放一把火把它们逼出来。这就是修行的内涵，努力对抗折磨我们的事。但是初学者通常不会这么想，当他们觉得惬意时，就会想一直持续下去；但是当他们受挫时，就会想逃避。他们遇到称赞或毁谤等情况，是依据本能的习惯瞎起哄，从来没有想过要消除它们。当这样的事发生时，那里就是世间。

修行止观，保持正念

初学者看到这种情况，会认为自己办不到，要放下它们太难了。这只是意味着他们害怕付出努力。当烦恼出现时，世间八法压抑并遮蔽了八正道。人们没有担当，当然就无法持戒与修定，让心安定下来。他们无法控制自己与忍耐，以便思维心的运作。这就像那个坐在蚁丘上的人，他被咬得心神不宁，因此静不下来，也办不成事。如果不能将苦难的根源移除，他只能继续待在那里受苦。

就像这样，世间法与佛陀的解脱道，一直都是相互对立的。当一般人试着修心，让它静下来时，原本潜伏着的妄念就会纷纷冒上来。如果妄念占上风，心就处于黑暗中；但是当智慧透过精进生起时，妄念就会消失，心也被照亮了。智慧与妄念同出一处，当智慧生起时，妄念就无法停留；当世间法战胜时，我们就找不到八正道。我们必须努力修行止观，持续保持正念，直到我们看见世间八法所衍生出的贪嗔痴减少为止。当它们减轻时，我们就更能清楚地认出它们，并且开始出离世间，出离内心的妄想与执著。

掌握自己的道路

修行人应该清楚掌握自己的道路，不外两种选择——正见与邪见——每件事都跟着它们而来。修行变成像是两个人，即"世间"的方式与"法"的方式，在内心交战。只要认真修行，道将逐渐与稳定地战胜世间法,直到智慧与正见生起,邪见消失为止。最后道终将克服烦恼。

在精进修行的过程中,两者将持续角力,甚至于会延伸到修观,获得洞见时。它很容易演变成"观随染"[1](vipassanūpakkilesa),这是什么意思?修道时,我们努力修德与净心,但是对于所获得的善果,我们又变得自得与贪著,这种"自得"就是另一种执著的形式,即"智慧"的随烦恼。

有些人得到一些小成就,就会自以为是,当他们得到一些净化与智慧时,便会贪著于净与智。这就是所谓的禅病,也是烦恼的一种。因此当我们修观,并获得一些洞见时,一定要注意"观随染",因为它们非常相似,你可能会受到误导而浑然不觉。重点是"观随染"会带来苦果,而真正的观是不会引发苦的。它是真正的平静,苦与乐都被净化了。

修行真的必须依靠稳定与忍耐。有些人刚开始修禅,便期望心能马上安定下来。但是动乱的习气种子依然还在,因此行者得忍受它们成熟的过渡期。当这样的挫折出现时很重要,此时,我们会想摆脱戒的限制,以为这样就不会有压抑与干扰:我们可以随意吃饭睡觉,可以想说就说,也可以自由地走动,随着内心的冲动行事,认为这样很快乐。

对抗习惯之流

佛陀的教导里谈到了关于抗衡的关系,例如超越对抗世俗,正见对抗邪见,清净对抗染污等。这些事物彼此无法相容,经典上有一个寓言,就阐述了这点。在佛陀证悟之前,当他接受牧羊女苏佳塔(Sujāta)

供养的米粥时,他把盘子放在向南流的河水上,并发愿:"如果我会成为一位获得正等正觉的佛陀,就让这个盘子向北流。"结果盘子真的向北流。

这个盘子象征他的正见,内心基本的觉察,不会随着世俗的潮流浮沉。在那一刻,它能对抗物欲的洪流,不会被任何事物所左右。因此他教导我们,要对抗习惯之流。我们都有贪念与欲望的冲动,但是他教我们要断除渴爱;我们都会对事情生气与不满,但是他教我们不可嫌恶;我们都会被事物所蒙骗,但是他教我们要去除妄念。这些教导的目标都是让我们根除以往的恶习。

佛陀的心全然逆着世俗的潮流行进。世间认为迷人与美好的,他却不认为迷人与美好;世间都认为身体是属于我所有,但是他却不认为它是属于我所有;世间认为有意义与有价值的事,他却不认为有什么意义与价值。他的见解超越世俗众生只会执取表象的方式,觉醒的意识已经在他心中生起。

看破世间,视之为无物

接着,是他接受一位婆罗门奉献八把草的故事,他用那些草做了一个坐垫,并且立誓要在上面觉悟。说起这个故事的内在意涵,八把草即表示世间八法,他努力的目标就是要摧毁它们。这是行者必须做的事——摧毁对于得、失、苦、乐等八法的贪著。

他立誓要坐在献给他的草上面,进入禅定。坐在上面就象征他要摧毁世间法。他的心凌驾于它们之上,决心获得超越之法。超越即是看破世间,视它们为无物。对他而言,名利等东西都是无用之物。他能够坐在它们上面,却一点也不会受到阻碍与影响。

导师坐在那个地方,直到他获得正觉并征服魔王,内心有许多体验。简单来说就是,他征服了世间。他教人修学能够摧毁世间法的解脱道,就像用草做成他的金刚宝座一样。

最近,我们许多行者都不太有信心与虔敬心。我们来到这里修行已经有一两年,内心却充满速成的欲望。我们没有想到佛陀在成为无上师之前,是如何修习波罗蜜。他在离家之后,经历了六年最严厉的苦行。只要好好修行,真实修心学习,我们就能累积经验,体会佛陀之德。

佛法僧三宝

我们至少应该得到第一层觉悟,而不是只会计算自己花了多少时间在修行上,心一定要有所体会才是。我们应该学会谦虚与惭愧,这点非常重要。我们如果修行正确,无论别人是否看见,不管在白天或黑夜,我们都不敢做坏事,因为我们已经接近佛,"觉知者"已经在心中生起。我们信赖并皈依佛、法、僧三宝。

如果真的皈依佛,我们就必须见佛、见法与见僧。否则就只是念诵皈依文而已,无法真的了解佛。我们离他近吗?或者离他很远?什么是法?什么是僧?我们请求他们的救助与保护,但是我们接近过它们吗?我们了解它们是什么吗?我们虽然以身体和嘴巴请求,但是我们的心却不在那里。唯有当心觉醒时,我们才会真的了解三宝。我们将了解佛、法、僧各有哪些特质,这会成为我们的亲身经验。我们将因为心的觉醒而得到真正的皈依。之后,无论身在何处,佛、法、僧都会与我们相随。这样我们就不会做坏事了。

因此,第一位圣者憍陈如得以免于堕落恶道。这是确定的事,他只会顺着笔直的道路前进，不会再有第八次转世。因为道路已经显现，而他也深信不疑。他迟早会达到道路的终点，他不可能再回头去造身口的恶业。他已经远离动乱，事实上动乱本身就是地狱。因此经上说，圣者已经解脱恶道，即使他或她犯了什么错，也没有那么强的力量会把他或她再抛回恶道。心永远都不会再走上那条路，它不可能再重回老路。这就称为圣者出生，它在此世就可能达成。

放弃对五蕴的贪著

这些事都只可能通过自身的经验得知。我们都在谈论法，并且也像是在修法，但是我们却不真正了解法是什么。思法、见法与修法——它究竟是什么意思？这对我们来说确实是一个问题。它是自然，是既存的平常事，是照它们本来的样子存在。我们为什么会在苦乐与悲喜之间摇摆？因为我们不了解法，我们没有见法。

佛陀希望我们放弃对五蕴的贪著，放下它们，不要再与它们纠缠不清。我们无法放下，是因为我们没有看清它们的真面目。我们相信快乐即是我本身，并将我本身看成快乐；反之，我们相信痛苦即是我本身，并将我本身看成痛苦。我们的心陷于其中，无法自拔，这表示我们没有见到自然的本质。事实上，根本没有一个我存在，但是我们却总是从我的角度出发去看事情。因此好像快乐、痛苦、得意与悲伤，真的降临在我身上。自我的锁链被层层建构，逐渐形成坚实的我见，好像每件事到后来都和"我"有关。

因此佛陀要我们打破这个被称为"我"的思想牢笼。"我"的观念被打破后，我们就不会再相信身体里面住着一个自我，此时无我的观念就会自然浮现。

如果我们相信有"我"与"我所",并且自私自利,每件事都是从"我"、"我所"或"与我相关"的角度出发,当我们如此看待自然现象时,就无法产生真实的理解。

我们只会随波逐流,当事情好时,我们就欢笑;当情况不好时,则哭泣与悲伤。

如果将每件事都看成与"我"有关或是"我的",则我们只是创造了一个痛苦的大包袱背在身上。如果了解事物的实相,我们就不会演出兴奋、得意、悲伤与流泪等戏码。经上说"平静是真正的快乐",这是通过见到实相与根除贪染而获得的。

无常才是真理

实相存在于自然现象中,在生、住、异、灭里。无常才是真理,人不是真实的。我们会因为事物而兴奋,但是现象本身不会兴奋。我们会贪著于事物,希望它们能顺从己意,将之据为己有。我们照着自己既有的成见,作出极端的情绪反应。

像这样,憍陈如见到了事物的本质,就在他第一次听到佛陀说法时。他清楚而确实地看见。从那一刻起,无论遇见什么,他都只看见生与灭。喜欢与讨厌的现象仍然持续出现在他的心中,不过他再也不会落入极端的反应中。他的心稳固地建立在觉醒之上,不会再有情绪化的反应。因此经上说,憍陈如得到了法眼[2] (dhammacakkhu),能够如实观察。觉知诸法实相的智慧已经在他心中生出。

这就是觉知并见到法者。当一个人觉知时,他就会自动出离与放下重担。若是勉强自己放下,或强迫自己忍耐与出离,这样做并无法让我们见法。当一个人真正到达并看见时,他不需要勉强自己忍耐与放弃。一个人见法时，就只有法，法里面没有忍耐与放弃。但是当我们还没有觉知与了解法，当它还不是我们自己的存在时，我们就必须引进法的概念，进行各种修行。因为懒惰习气的缘故，我们必须精进；因为缺乏决心与刚毅的精神，所以我们需要忍耐与自制。但是如果一个人修得很好，已经成为一种习惯，那就不需要任何勉强了。

摸索

已经超越疑者，不需要再摸索。如果疑还没有断除，而你坐下来尝试入定，念诵偈语以祈求神祇的帮助，它不过是戒禁取的迷信。这是就微细的层面而言。

入流者（初果）已经断疑，虽然还没有完全觉悟，不过他已经没有疑惑。他已经断除三结——身见、疑与戒禁取。一来者（二果）所断除的烦恼与入流者不同，那些烦恼更加微细。小孩所感觉的重，与大人感觉的重不同。同理，从初果到完全觉悟的阿罗汉果，其间各阶段的烦恼也各不相同。烦恼的名字也许一样，但是重量却不同。无论如何，它们最后还是会结束与消失。

虽然还是会剩下一些东西，不过没关系，它们没有后遗症。摸索的心常会质疑："这对吗？""那错吗？"当一个人了解因果的实相时，就不会再有对或错的疑惑。如果这个阶段有人做对，别人却说他错，他不会受影响；但是他也不会与人争辩。有疑惑者与没有疑惑者之间，没有什么好争辩的。

身见、疑与戒禁取都只是摸索。例如，我们长期坐禅、行禅与忏悔罪业，因此就以为我们已经净化内心，这是对仪式的盲目信仰，它只是摸索。

为什么会有摸索？

这就好像你走在这间狭窄的小禅堂，一直碰到板凳的角——那时就有摸索。如果你只是坐着，没有走动与碰到东西，就不会有这种反应。摸索的发生，一定是被什么东西所引爆。其他人没有碰到板凳，所以他们的脚不会受伤，不会有这种反应。我尽量尝试着用最简单的方式加以说明。

为什么会有摸索？因为有疑，所以会有这种不安的感觉。"我曾这样做吗？我曾那样做吗？"它凭借动机作为因。一只蚊子叮你，你挥手把它扫开，接着你注意到："啊！我的手都是血，这只蚊子死了！"你不需要开始在这点上寻思："我是否造了恶业？我有杀它的动机吗？即使没有杀生的动机，我也应该保持正念才对……"你可能为此激动不已，念头转个不停。如果你只是看见蚊子死了，接着清楚知道自己不是故意的，你就能放下。你可以稍后再回来审视，不需要念念不忘。第二天，你也无须再被事后的追想所困扰。你就这样抱持坚定的意念，战胜焦虑。接着当你坐下来禅修时，你无须再回到这个记忆上，并且为此担忧。这就像是不要主动去碰撞板凳，否则你就等着在脚上涂药吧！既然那里有事，有些痛，就会出现这样的反应。心对某些事情敏感与不安，因此才会有这样的摸索。

身见、疑与戒禁取

有一种见解认为身体是我们的，但佛陀说它不是我们的，我们认同这点，认为这是真的，并且不再摸索。下一个结是疑，先前对一切现象的不确定感，而现在我们对于断除身见已经不再怀疑。接着是执取戒与禁制，迷信世俗行为模式的效力。这三者相互联结，彼此互通，是三种根本烦恼。从看见身体的本质开始，放下，消除疑。疑消失后，就不再有摸索。这三者皆适用于色、受、想、行、识等五蕴。

让我们用八正道来做说明。它从正见开始，如果你的见解正确，则思维也会正确，其他各支也都会正确。至于正确的程度，则视个人而定。有预流者的正见、一来者的正见与不来者的正见，不过没有一种正见可以与阿罗汉的正见相比。在解脱道的每一个阶段，都有一个相对应的"正确"，包括正见与其他各支。不过从入流开始，就已经没有疑，每一个阶段都有各自的正见。虽然入流的阶段较有限，不像阿罗汉那样圆满，不过也没有错误的理解。正见存在时，邪见就无法呈现。当一个人的内心完全无误时，就是阿罗汉的阶段；如果内心还有错误，那就是入流或其他较差的阶段。虽然他还无法到达阿罗汉的境界，不过他已经可以达到一定程度的正确。当正确圆满时，他就会成为阿罗汉，说："我已经尽力，该做的都做了。"同样一句话，小孩子与大人说起来，意义完全不同。

解放身与心

到达终点，结束疑，身与心都被解放，一切事物都熄灭与结束。你不渴望身体，也不渴望心灵的事物。它们对你的影响力已经结束，什么都不剩了。为什么要留下东西？如果有，就让狗儿和猫儿拿走吧，留下的，只是你的疑而已……

我们应该在听到教法后就放下，抛开概念，实地去修。结束疑的智慧来自实修，而不是对他人的发问。不过，要保持修行的热诚很困难，我们都想要速成，但是却又很懒惰。佛陀说："疑会因为不屈不挠的修行，而在梵行者的心中耗尽……"它不会从别处耗尽，因此他鼓励我们持续精进修行。

无论发生什么事，把它捡起来，审视它，看清楚。如果你看不出来它是什么，就暂时先放在一边。今天你通过解释见到它，不过这只是知识的层面，你还不了解。你必须先把它抛开，然后修行。太热或太冷都不对，太快或太慢也不是，你找不到它。这是只有你自己知道的事，当你试着向别人解释时，没有用。别人无法只从听就真的相信，它必须通过持续与稳定的正念思维才能获得。

放下就对了

如果你不间断地修行，总有一刻你会清楚地看见。但是你必须放弃让它生起的欲望，如果你不放弃这个欲望，就不可能了解。现在，你知道的一切都是欲望，当你放下时，就对了。事情总在瞬间变异，无法捉摸，你可以抱着"得之我幸，不得我命"的态度去面对。这样你的修行才能轻松自在，这种淡泊的方向才正确，而不是想要与争取的态度。

假设你拥有一颗钻石，结果它不小心掉进水里。你感到很难过，就一直在水里找，希望能找到它，而不在乎饿与累。最后，你念头一转，心想："别在意！如果能找到，当然很好；找不到，也没关系。"之后，你就可以轻松地回家。

关键在于立即放下对它的迷恋与执著，如果你继续想："哦，多可惜啊！究竟掉到哪里去了？真是太糟了！为什么会发生这种事？"你只是在增加自己的痛苦。如果你能接受所发生的事，则无论钻石是否有找回来，你都会觉得好过一点。那时你才能比较心平气和，而不会浪费太多精神在上面。

好好照顾你自己，留意你所拥有的事物，持续开发与增进正念。如果你将它列为第一要务，就可以免于犯错，并且得以轻松地修禅。你可能对于应该修行的事务有些疑惑——正好，就是它。但是你必须持之以恒，让正念得以相续。逐步增进，直到你能完整而清晰地觉知一切事情的发生为止。当你的正念确实变得清晰与光明时，智慧就会生起，那时无论发生什么事，你都能清楚觉知。

进入寂灭的珍宝

这种觉知源自于坚定与清晰的正念，它是你洞见事物实相的智慧之因。没有正念，洞见就不可能产生，因此尽可能培养正念，它是能够帮助你获得智慧与进入寂灭的珍宝。它就是佛本身。它能支持与劝诫你，你几乎可以拿它与上帝或佛陀相比，因为当你拥有正念时，你就能保持觉醒。你将能觉知与看见，并能保持自制与谨慎。

如果内心还有微细烦恼潜藏，那是因为正念不够完整的缘故。你没有看见它们，因此它们才能躲着你。当正念有足够的力量观照时，它会让心明亮起来，并且让智慧更加清晰。这就像是把水注入钵中，当钵里的水静止与清晰时，你就可以从钵里的水面上看见自己的脸。不只是你自己——你的觉知还可以延伸到许多事情上，如果有一只小昆虫掉入水中，你也看得见它。如果水被搅动或混浊不清，你能看见的就相当有限了，你将看不清自己的倒影；但是如果水面静止与澄澈，你就能看见天花板，如果上面有一只蜥蜴，你也能看见它映现在静止的水面上。正念的作用就类似如此。由于正念所产生的觉知力与敏感度，你将能保持自制与谨慎。

维持平常心

我们所讨论与修行的这个正念，也可以被称为忆念。这些术语可能会让人感到困惑。当正念生起并觉知某事时，它马上就变成想或记忆，这是无常的，是会退化的事物。例如，我可能想呼唤某个名为雅各罗（Jagaro）的比丘，但是我却说成"帕木托（Pamutto）"。我知道我想做什么，但是到了嘴边却说成别的，我清楚地觉知这件事的发生。那是想的无常，这个改变和不稳与日俱增，头脑逐渐衰退。它只是元素自然的退化，立足于想也是无常的原则。我们能清楚地看见它发生，但是它只会自己发生。我们如实地看见，并且接受它。佛陀教导我们记忆是无常的，就像身与心的其他诸蕴一样，因此我们不需要执著这些事为自我或其他。

如果没有什么事发生，你就不需要观察任何事，维持平常心即可。例如，当你在打扫住处时，如果没有人叫你，你当然不需要看；如果有人叫："嘿！这里。"那时你才看，你觉知所发生的事，以及那个人找你有什么事。接着，你继续扫地。如果有事，我们就观察；如果没有，则不需要观察。我们只要对自己相续保持正念，清楚地觉知即可。保持警觉，不要任意放纵自己。无论发生什么事，都要觉知，不要浑然不觉。但是也不要矫枉过正，刻意去想与寻思，没事找事做。当感官有所接触时，我们才向内觉知与观察。

正念保护着我们

当正念以这种方式接触与保护我们时，心就能平静下来，并且产生如实观察的智慧。请深入审视这点。

打扫落叶的时间到了,我们就去打扫。打扫时保持警觉,并留意所发生的事。不要只以空白与冷淡的心打扫,如果你保持正念,心就能进入专注的状态。你会想:"嗯!扫地真好,除了能够保持寺院整洁,还能进行禅修,将烦恼扫离我们的心地。"你的心会像这样与自己对话,智慧也会持续增长。

当心从正确的禅修中,达到安定与觉醒的状态时,就像是打扫整洁的道路,一有叶子掉落,马上就会被注意到,它们会清楚地在地上被看见。但是如果心未被好好地守护,则像被落叶覆盖的森林地面,即使掉下再多的叶子,也会被地上的落叶所遮掩。

看见本质,智慧便增长

看见事物的本质,智慧就会增长。我们将了解,事物无法被任意改变或调整。我们接受存在无常的本质,接受事物本来的样子,结果就是平静。因为放下与接受,而消除痛苦。当我们放下时,执著就被根除,我们发现那里一无所有,什么都不剩。我们有自我与他人的观念,其实它们都只是约定俗成的惯例与假象。以究竟的实相而言,一切皆无。我们所认为的身体,只是元素的聚合罢了。无论男人、女人、亚洲人、西方人都一样,每个人的本质都是如此。了解这点,将令我们更为自在。

例如,我们被教导,对所吃的食物进行禅修,看着它做正确的思维。我们看见它其实没有什么特别之处,并不是一个实体。食物与我们,这两者都只是元素的聚合而已,恰巧凑在一起,就是这样。你不会对你的食物抱着太多的想象与期待。但是如果你无法像这样观察,如果你无法接受食物的实相，你就会痛苦。能够接受"食物与吃它的人都一样是元素聚合"的人，会很轻松；反之，无法如此接受的人，就会很沉重。

在你的修行中，你应该将重点放在这样的理解上。像这样看事情，将能降低与减轻你痛苦的经验。在你结束痛苦之前，你得先一点一点减轻它，所有从事修行的人都应该确认这点。我已经观察到你们有些人这几年来的转变，你们可以自行比较过去与现在的差别。看看你们的内心，现在已经有了很大的改变，为什么会这样？你们过去执著于甚深的事物，现在已经对你们失去影响力了。

真正的平静来自正见

但是速成的欲望仍然存在，每个人都希望能够立即解脱。这很平常，不过却不可能发生。我记得有一个比丘，老是讲一个故事，即一个人只听到一点开示或短暂修禅就证得阿罗汉果。接着，他就开始怀疑："我是怎么一回事？我是不是修错了？"这让他困惑与沮丧，因此他挑起钵与蚊帐进入森林。然而在那里他的修行也没有改善，因此他再度离开，前往另一个森林。同样的情况再次出现，他的心还是静不下来。他又再离开，前往另一个森林，但是心依然不安。即使到了山上，他还是无法安心。无论去到什么地方，情况都一样。他感到束手无策，心也始终动荡不安。这是因为他认为平静来自于外在环境。是的，它确实也重要，但是较大的因素在于正见，那才是平静真正的来源。

如果见解错误，心就会朝着错误的方向发展："太棒了，我听说那座山是一个真正祥和的地方，我将在那里断除烦恼。"就像我先前所说，它只是其中一个因素，是平静的一个小因缘而已，因此你是在内心不安的情况下前进。有人告诉你："你真的应该去某某山。"你相信，并去了。当它无效时，你又试另一个地方，却总是失望而归。长此以往，"你应该拜访这位阿姜……你应该跟随那位阿姜学习……"你就这样一直疲于奔命，直到你经历过所有的山与老师为止。最后，你可能下结论说没有觉悟这一回事，并且放弃。那么，平静究竟应该向哪里寻找呢？答案是正见。安住于正见，无论身处何处，都能安心。

当人们待在安静的地方时，他可能无法确定烦恼是否已经消失，或是还有什么东西残留。事实上可能潜藏着很多问题，但是他完全觉察不出，并且感觉很好，自得其乐。他因为习惯而觉得舒服。如果离开那个地方，他就会觉得不对劲，必须再找到一个"对"的地方才行。

事实上，好人想要修行时，有可能会被逼疯。各种痛苦与动乱会突然爆发出来，我就经历过这种情况。心充满骄傲，四处攀缘，总想要点新鲜的感觉。每件事不是太大就是太小，不是太长就是太短，没有一样东西看得顺眼。没有谦虚，也没有中道，它处于法的自然平衡之外，一直都冲突不断……你们必须好好修行，以阻止这种疯狂的行径，让自己好过一点。

注 释

[1] 观随染：为是修四念住、修观的人产生的现象。易掉以轻心，得少为足，以为证到最后境界（每一个当下都是涅槃寂静）。忘了自己与众生还有苦，不能随时展现慈悲喜舍。共有十种观随染：（一）光明；（二）智：猛利明净，自

以为见；(三) 喜；(四) 轻安柔软、非人间喜乐；(五) 乐：吞没一切苦的乐；(六) 胜解坚信,寂然不动,自以为于法毫不动摇；(七) 自以为精勤策励稳当；(八) 自以为念现前明晰；(九) 自以为能舍；(十) 有不可告人的欲求,法举、我慢、不知为知、不知惭愧、不知自己的不足。

[2] 分明见真谛谓之法眼生,指舍断三结：身见结、戒取结、疑结。

第五章 证法

经过学法与见法的过程之后,现在事物已经成为法。当经验是法时,我们就可以停下来,因为寂灭已经现前了。没有必要再使用任何法,因为每件事都是法。

超越因果

有一次，我与一小群比丘一起住在森林里，那里有一间小禅堂(sāla)，里面的灯光很微弱。有一位比丘在里面读书，当他的蜡烛燃尽时，他就丢下书本离开。另一位比丘在黑暗中踩到书，他将它捡起来，心想："嗯！那个比丘太没有正念了，怎么没有把书收好呢？"

他找到先前的比丘并问他："你为什么没有把书收好？害我去踩到它。"先前的比丘回答："是你不小心，没有自制，才会去踩到经书。"

另一个人就回答："为什么你不注意把书收好呢？"

他们就这样一来一往，一个指责对方没有把书收好，另一个则指责对方不小心踩到书。如果只从逻辑的角度来看，双方各有道理，莫衷一是。

从真实法的角度来看，你必须抛弃因果。法比这还高，佛陀所觉悟的法，能够降伏内心的烦恼，并消除痛苦，它超越因果。法里面没有苦与乐，佛陀教导的法能让你的生活平静，净化因与果。如果你只依赖因果逻辑，就会有无尽的争论，像这两个比丘为踩过书本而争执一样。他们可以一直持续下去，讨论各自的理由。这样的方式无法令人平静。

没有造作

学习的过程中应该要了解因果，了解乐是从这些因所产生，苦是从那些因所产生。我们从行为中了解因果关系，但是佛陀所觉悟的法是寂灭法，是没有造作的，因此是在因果之上，并且超越苦乐与生死。但是现在当你听到这点时，你可能有更多的疑惑……这件事真的很重要，这是能带来寂灭的法。

想要快速了解事情不是法，它只是我们的欲望。如果我们根据欲望行事，永远没有结束的一天。你们都知道佛陀侍者阿难的故事，他的信心和其他人一样坚定。佛陀涅槃之后举行了一次僧伽结集大会[1]（saṅgāyana），只有阿罗汉才可以参加。阿难决定赶快证得阿罗汉果，以便参与盛会，因此展开严格的修行。但是他的心却无法如愿而行，还是处于粗糙的状态，一次又一次遇到挫折。"明天就是僧伽大会了，我的阿罗汉法友们都会参加，但是我还是一个平凡人，我应该怎么办呢？"

他决定彻夜禅修，结果只是把自己弄得很累而已。最后终于受不了，他决心先休息一下。黎明时，他放下枕头，准备休息。

决定休息之后，他的心开始放松，放下心事。就在他躺下去，头碰到枕头之前，他的心已经完全放下。那一刻，他见到了法，证得阿罗汉果。

刻意追求，永远放不下

刻意追求放下，则永远放不下，无论尝试多久，都办不到。但是，在那一刻，当阿难决定停下来休息时，他放弃追求成就，只是用已经建立起来的正念进行休息。心一放下,他就看见并觉悟了。他不需要做什么特别的事。之前他一直希望有事发生,但是都没有用。没有机会休息,就没有机会悟法。

我们应该了解,觉悟法就是放下,以智慧与觉知放下。它无法通过欲望与争取而获得,必须依靠正念。当心"稍作休息"时,便得以摆脱一切干扰。在没有欲望打扰下,这个心很快就可以觉悟,就像阿难的例子一样。阿难实际上没有觉察到他自己,他只想得到他想获得的东西。这种欲望障碍了他一切的努力,因此他决定先休息一下。

觉悟不是一件容易谈论与容易让人了解的事。如果人们想法错误,就很难修行。例如,佛陀说这个地方不适合一般人住,要有地板与屋顶才行;如果没有屋顶,也没有地板,就什么也没有了,对吗?那就没什么好说的了。其中的空间不是人住的地方——那里没有"具体的存在"(bhava)。具体的存在是楼上或楼下,如果人们要住,他们一定要住楼上或楼下。"没有具体的存在?"人们就不感兴趣。

人们对于放下没有兴趣。放下之后,会出现什么东西吗?当你上楼,那是具体的存在,你喜欢爬到上面的感觉,走下来则不那么让人高兴。你觉得好,但那正是痛苦的根源。你不想放下这个乐与苦,以及平常的经验,因为你喜欢具体的存在。没有具体的存在,就吸引不了你,即使只是试着想象也很困难。

超越生与有

佛陀所说没有生与有的地方,指的是没有贪的情况。贪是痛苦生起的因。我们渴求平静,不过平静始终不可得,因为我们无法放下对贪的执著。我们依靠存在生活,没有存在是我们无法想象的事,那就是人的习惯，是人的烦恼。

佛陀所说的涅槃，超越存在与生。人们不了解这点，他们只了解有与生的事。如果没有存在，就没有地方可以住。没有地方可以住，我怎么办？我如何存在？一般人认为最好留在这里，他们希望再次出生，但是他们却不想死。有这种事吗？如果你想要不可能的事，你的问题就大了。人们会这样想，是因为他们不了解苦。"我想出生，但是我不想死。"这是他们一心所想的事，没有比这个更荒谬的了。

佛陀说死从生而来，如果你不想死，就不要出生。人们天真地想："嗯！我不想死。我想再次出生，但是我不想死。"你可能会归结说他们很顽固，与充满欲与贪的人沟通很困难。要放下真的很难。

误认假象为自我

烦恼与渴爱就像那样。佛陀说事物并非真实存在，如果没有地方可以安插柱子，我们如何谈论建设呢？那就像并无存有与生，无处可以出生。但是当我们谈到这点时，人们听不下去，也不能理解。谈到自我时，经书特别强调没有这种东西。自我只是一个假名，就究竟解脱的层面而言，它不存在，只有因缘形成的元素聚合。我们误认这个假象为自我，而产生执著。"我"与"我所"，都只是我们的想象而已，我们却紧抓着不放。我们不知道这是如何发生，因此才会说出"我想出生，但是我不想死"的话。

说到进入涅槃之流，如果你的内心有真实的觉知，就知道其中没有人在希求任何事。此外，涅槃不是欲求的对象，它不是你能希求的事。这个特性并不容易理解。

这个法不是你可以解释或给人的。我们的父母可能很想把它给我们，但是连他们也不知道它是什么，何况要给我们了。这是只有你自己内心知道的事。你可以说给别人听，但是有个问题：他们真的知道你在说什么吗？如果他们的内心无法理解，他们就得不到它。因此，佛陀说："如来只是指出道路。"就像这几天我所做的事——我只是解释者，无法代替你们完成。听过解释后，你们必须自己去修行与了解，接着你们才可能领受与觉知这项不可思议的成果。经典上有个故事，有人问佛陀涅槃是什么，佛陀拒绝解释，他们就说是因为他不了解的缘故。佛陀怎么可能不知道？重点是，这种事只能通过各人去理解。

中道是一条孤寂的道路

如果你只是听到我这样说就相信我，那并不好，它不是真的。佛陀说，那些轻易相信他人者是愚蠢的人。他说听了话之后，应该进行思维以便体会其中的实相。此外，你应该听得进别人的话，而不是一味否认。接受别人的话，不过不要直接相信，而是应该思维它们的意义。这不是信或不信的问题，暂时把那些放下，尽可能充分思维。

我们倾向两种极端，而不喜欢处于中道。中道是一条孤寂的道路，我们很容易受到诱惑或厌恶的影响，放下它们是寂寞的，我们拒绝这样做。佛陀说这两种极端不是一个平静的人应该走的路。远离苦与乐，因为这两者都不是平静之道。一旦远离这些感受以后，我们就可以得到平静。心想"我很快乐"不是平静，那只是未来痛苦的因，这些都是我们应该警惕的。走在中道上，看见两旁的极端，我们持续前进。我们坚持中道，对它们没有欲求，因为我们要的是平静，而非快乐或痛苦。这才是正道。

修法将引导我们放下，但是我们必须有如实觉知的智慧，才可能放下。当真实的智慧生起时，将有助于修法持续，并产生热诚与精进。这才叫做修行。

一旦你到达目的之后，就不需要再使用法了。就像你用磨利的锯子锯木头，一旦木头锯断之后，就可以将锯子放下，那时你已经不需要再使用它了。锯子就是法，法是帮助你得道与证果的工具，一旦完成之后，就可以将它放下；工作完成了，你还抱着锯子做什么？

了解疑惑，并且止息

木头是木头，锯子是锯子，该是结束的时候了。达成目标之后，渴爱与无明的染污都已清除；木头已经锯断，不需要再锯了，你可以将锯子放下。有心修行的人一定得依赖法，那是对尚未证法的人说。但是如果工作已经完成，就不需要再做了。这时候你可以自然地放下，没有贪欲与执著，已经不需要再做什么了。这就是平静的状态。

我们听到它时充满疑惑，那是什么情况？涅槃似乎很遥远，不过事实上却很近，它就在你的心里，等着你去发现。事物产生，你了解它们是不确定的，"这不是真的，那不是真的。"什么才是真的？当下就是！试着猜测——像这样或像那样——都不对。放下对事物的执著，不要妄加判断与臆测。反复不定，只会让我们一直陷于痛苦中。

在这里了结你的疑惑，了结你的疑惑并止息。就在这里做个了结。

让它成为涅槃之因

佛教的奥义是坚持戒律,戒律源自于内心的动机。如果你决定戒除身口意的恶行,就应该清楚觉知你的内心。在他人面前立誓很好,你也可以自己忆持戒律。如果你不知道它们是什么,可以向别人请教,这不是什么困难或遥不可及的事。因此事实上,当你希望接受戒或法时,你当下就可以获得。它就像空气一样环绕着你,无处不在。当你呼吸时,就可以将它吸纳进来。一切善恶法都像那样,如果你想行善,随时随地都可以做,可以单独或与他人一起做。恶也一样,你可以在公开或隐匿的地方,与大或小的团体一起做。

有了戒之后,你应该进一步追求法。戒是禁止与持守的规范,法是指自然,是人对自然事物如实的了解。

佛陀教导法,目的就是让我们了解自然的本质,让我们放下与随顺自然。这里指的是关于物质的世界,至于心,不能任由它随着自己的因缘发展,它需要被训练。我们可以说心是身与口的老师,因此它需要被好好地训练。如果任由它随着本能发展,会让我们变成动物。它需要被教导与训练,应该了解自然,但不能任由它自然发展。

贪嗔痴实相

生在这个世上，我们所有人都有贪、嗔、痴等烦恼。贪让我们渴望不同的事物，致使心处于失衡与动乱的状态。不能让心跟着渴爱的冲动走，那只会带来苦恼。最好让它在法里面，在实相中，接受训练。

当嗔恨在心中生起时，我们会想发泄怒气，那可能会导致身体的攻击，甚至杀人。我们不应该任由本能的冲动去发展，因为我们了解它发生的本质。我们如实地观看，并且让心知道它的实相。这就是如法的思维。

痴也一样，当它发生时，我们对事情感到困惑。如果我们不管它，就会一直处于无知的状态。因此佛陀教导我们要学习自然的本质，要训练心，要确实了解实相。

人一生下来就有身与心，一开始它们出生，中间它们转变，最后它们结束。这就是它们的本质，我们无法改变这些事实。我们只能尽量训练我们的心，当时机成熟时，就必须完全放下。人类的力量无法改变这件事，或超越它。佛陀教导的法，当下就可以使用，它可以确保身、口、意的正确与健全。他导正人心，以防止它们受到世间法的污染。导师教导我们如实观察这个世间，他的法是超越世间的教导。我们糊里糊涂来到这个世上，他教导我们要超越这个世间，不要沦为世间法与习气的囚犯。

就像一颗钻石掉进泥淖中，无论泥土如何覆盖它，还是无法遮掩它的光辉、色泽与价值。即使泥土粘在它上面，钻石并没有损失什么，还是和它原来一样。它们是两个分开的事物。

身与心都没有一个自我

导师所说的是超越痛苦的法,"超越痛苦"指的是什么呢?我们应该怎么做才能脱离痛苦?我们需要做一些研究,我们需要研究内心的想法与感受。虽然我们现在无法改变,但是要解脱苦恼全靠这一点,即改变我们积习已久的世界观,以及我们思考与感觉的方式。如果可以改变对事物的感觉,我们就能超越旧有的迷思与邪见。

佛陀的真实法并非遥不可及,他教导的是自我。他教导事物没有真实自我的概念。佛陀的所有教导都指出:"这不是自我,这不属于自我,没有我与你这种东西。"初次接触这点时,我们真的无法理解,无法正确地"解读"法。我们仍然认为:"这是我,这是我的。"我们执著于事物,并赋予它们特殊的意义。当我们这么做时,便与它们纠缠不清,涉入愈深,情况就愈糟。如果我们知道无我,像佛陀所说,身与心事实上都没有一个自我,当我们持续观察时,就会了解无我的真实情况。我们将真的看见没有我与他的存在。乐就只是乐,受就只是受,记忆就只是记忆,想就只是想。它们就"只是"它们本身。善就只是善,恶就只是恶,没有真实的乐与真实的苦。它们只是单纯的存在:单纯的乐、单纯的苦、单纯的热、单纯的冷、单纯的生命或个人。我们应该如此单纯地观察事物,只有地、水、火、风。我们应该持续"读"这些东西,并观察这点。最后,我们的观念会改变。对于自我与属于自我的坚固妄想,会逐步瓦解。当这种对事物的执著消失后,无我的认知就会稳定增强。

完全觉悟无我之后,我们就能应用到世间的事物、最珍爱的物品、亲属、朋友、财产、成就与地位上,就像对待我们的衣服一样。衣服崭新时,我们穿着它们;变脏时,我们清洗它们;破损时,我们就抛弃它们。这是再寻常不过的事,我们经常都抛弃旧东西,穿上新衣物。

觉悟无我之后

我们对于自身的存在,也会有完全相同的感觉。我们不会为了它们而哭泣或感伤,不会被它们折磨与困扰。它们还是和以前一样,但是我们对它们的感觉与理解却已经不同。我们的智慧会生起,并看见实相;我们会得到法的洞见与真慧。我们应该了解与看见佛陀教导的法,它就在这里,在我们之内,在这个身心之内。我们早就拥有它,现在,只需要了解并看见它。

我们在这个人世间所得到的一切事物,最后都会失去。我们已经看见人们出生,也看见他们死去,我们看见这一切发生,但是却没有看得很清楚。有人出生时,我们欢欣鼓舞;有人去世时,我们则悲伤哭泣。我们就这样任由蠢事反复发生,无有了时。对于生死,我们可以说是束手无策,一直处于茫然的状态。

让我们好好审视这点,这些事情都是自然发生,它们都是你应该了解与看见的法。下定决心,以自制的态度处事,你们不应该害怕死亡,而是应该害怕因为生前犯错,而在死后堕入饿鬼与地狱等恶道。有些人活得糊里糊涂,一点也不了解自己,他们想:"我现在做什么有什么关系?反正死后就什么都没了。"他们没有想到未来的种子,只看到过去的结果。他们只看到眼前的事,而没有想到这些现行的种子,会在未来结果。种什么因,就得什么果,事物的循环不外乎这个道理。但是当他们尝到愚昧行为的苦果时,却又不知道为什么会如此。

种什么因，得什么果

无论我们现在经验到什么，总有一天都要与它分开，所以不要让时间空过，要努力提升自己的心灵。以这个分离与失落，作为你们现在思维的对象，直到你们非常娴熟，并看见它是平常与自然的为止。认出这个焦虑与后悔的有限性，并如实地观察它们。如果你们能够如此看待事情，智慧就会生起。

快乐与痛苦出现时，智慧就可能在那时生起。如果我们如实觉知乐与苦，我们就知道法；如果我们知道法，我们就清楚地觉知这个世界；如果我们清楚地觉知这个世界，我们就知道法。但是对我们多数人而言，如果是讨厌的事，我们不会真的想要知道它，我们会陷入憎恶的情绪中。如果我们不喜欢某人，我们不想看到他的脸，或者靠近他；即使只是看到他的房子或他的狗，也会令我们生气。这是愚人的做法，绝非智者的方式。如果我们喜欢某人，我们会想千方百计亲近他，努力找机会和他在一起，喜欢与他为伍。这也很愚蠢，事实上两者是相同的，就像手心和手背一样。手朝上时，只看见手心，手背则隐藏在后；手翻过来时，手心就看不见了。乐与苦，对与错，也一样是一体的两面，交替出现。如果只看到其中之一，我们的认识就不够完整。

注意事情的本来面目

趁我们还活着时，让我们把事情完成。我们应该持续观察，分辨实相与假象，注意事情的本来面目，寻根究底，追求寂灭。最后我们一定能完全断除烦恼与放下。

第五章　证法

我们还没离开这个世间,因此我们应该谨慎。我们应该多加思维、多行布施、多诵经典、多修行——修无常、苦与无我观。即使心不想听,我们也应该勉力为之,保持正念。这一定可以做得到,我们必能悟得超越世间的智慧。虽然还活在这个世上,我们的见解却可凌驾于世间之上。总结佛陀的教诲,要点就在于转化我们的见解。只要持续观察,就有可能改变它。我们不需要上天下地去寻找,我们需要的法就在我们的身边,与我们片刻不离。

必须觉悟的实相

这就是佛陀的教导。他没有教导关于天神、魔王、龙王、护法、阿修罗与精灵等事,他只教导我们应该知道与看见的事,我们必须觉悟的实相。在头发、指甲、皮肤与牙齿里,都可以看见实相。先前它们很旺盛,现在则已衰败。头发稀疏与灰白,你看不见吗?事实上,是我们不想看,因为我们觉得这不应该发生。但是佛陀称它们为"天使"(devadūta,或译使者),它们来告诉你:"你的头发现在已经灰白,你的视力已经衰弱,你的背已经弯曲……"它们是最好的老师,向你揭示生命短暂的本质,引导你舍弃。你不能无动于衷,该有所体悟才是。

如果我们真的对这一切感兴趣,并且认真思维,就能得到真实的智慧。如果这是办不到的事,佛陀就没有必要多说它了。通常我们的谈话几乎都离不开自我——谈的不外乎我与我的、你与你的——不过心却有可能达到无我的觉悟,并且维持不动。数世纪以来,已经有成千上万的佛弟子达到这样的觉悟。如果我们真的敏于观察事物,就有可能觉悟。法就是如此。

因此佛陀说，你应该以法为基础或准则。在这个世上生活与修行，你会以你自己，或你的观念、欲望、意见为基础吗？以你自己为标准，只会让你更自私；以其他人为标准，也只会形成偶像崇拜。自恋或崇拜他人都不是法的方式，法不会倾向或听从任何一个人，它只依循实相而行。不管人们喜欢与否，它依然是法；那种习惯性的反应与实相无关。

戒与法在心中生起

如果我们真的仔细思维过这一切，并且观察得很彻底，我们就会进入正道。为什么会有痛苦？因为缺乏智慧，没有觉知事物的生灭，也不了解它的因，这就是无明。当无明存在时，各种欲望就会被无明驱策而生起。我们造下了痛苦的因，因此当然会尝到痛苦的果。如果我们聚集一堆木料，并且再点燃一根火柴，你认为不会烧起来的机会有多少？我们正在点火，不是吗？这就是缘起。

如果你们了解这些事，戒与法就会在你们心中生起。因此，将你们自己准备好。佛陀建议我们先将自己准备好。你们不需要有太多顾虑，只要向内看，看没有贪与没有危险的地方。佛陀说："让它成为涅槃之因缘（Nibbāna paccayo hotu）。"成为了悟涅槃的一个因，是指向空的地方看，向事物完成的地方看，以及向它们终止与耗尽的地方看。看不再有因的地方，不再有自与他，以及我与我所的地方。这样的看成为一个因或条件，一个达到涅槃的条件。之后，布施、持戒与闻法，都成为觉悟涅槃的因。因此，我们可以将一切修行都回向成为涅槃之因。但是如果我们没有心向涅槃，反而紧盯着自我，执著不放，那么无论怎么做，都无法成为涅槃的因。

有人在"看家"吗？

当我们和别人在一起，而他们谈到自我，或我与我所的时候，我们马上附和说："对！就是这样！"其实一点也不对。即使心里说："对！对！"外表上也必须克制自己。这就像一个小孩怕鬼，也许父母亲也很害怕，但是他们不能表现出来，否则这个小孩将更加没有安全感。"不！爸爸当然不怕。别担心！妈妈在这里，没有鬼，没有什么好担心的。"其实这个父亲可能真的很怕，但是如果他这样说，他们就会乱成一团，马上夺门而出——父亲、母亲与小孩——最后落得无家可归！

这绝非明智之举。你必须清楚地观察事情，并且学习如何处理它们。即使你觉得虚妄的现象是真实的时候，你们也应该告诉自己它们不是。对抗它，教导你自己内观。当心从自我的角度看待世事，说"它是真的"时，你必须能够告诉它："它不是真的。"你应该要能浮在水面上，而不是沉入世俗习惯的洪流之中；如果随波逐流，我们能看得清楚正在发生的事吗？会有一个人在"看家"吗？

让它成为涅槃之因——一个人不需要以任何东西为目标，或渴望任何东西，只要瞄准涅槃即可。其他一切世间的善果、福报与功德，都会伴随它而来。不要像有些人拿着竹竿与篮子去采杧果，结果乱打一通：如果竹竿不够长，杧果就够不着；或者在乱敲之下，导致杧果破损与烂掉。无论行善或修福，不要期望太多，只要对准涅槃即可。如果想要功德，或想要禅定，或想要各种善果，最后你只会在原地踏步。不需要追求这些东西——只要对准寂灭即可。

将目标集中在涅槃

综观人的一生，我们是如此渴望得到这许多东西。一遇到分离或死亡，我们就哭泣与悲伤。我认为这是最愚蠢的事。我们哭什么？到底我们认为人会到哪里去？如果他们仍然在生死轮回中，那么他们其实并没有离开。当小孩长大，搬到大城市里去，他们仍然想着他们的父母，不会想念别人的父母；当他们回来时，他们会回到父母的家去，而不是别人的家。当他们再度离开时，他们仍然会想着乌汶这里的家。他们会染上别处的思乡病吗？你们认为如何？

因此，我们死了之后，无论经过多少世，只要生与有的因还在，意识就会再找到一个熟悉的地方，重新投生。我认为我们对这一切过度恐惧了，所以请不要太过悲伤。想想这点，经上说"业带领有情转生"，他们不会走太远。他们不断转生，只是换了一个外表，下次以一张不一样的脸孔出现。我们只是来了又去，去了又来，不停轮回，始终没有离开过。就像杧果从树上掉落一样，哪里也去不了。因此佛陀说：让它成为涅槃之因。让你的目标集中在涅槃上，努力达成这点；不要像杧果坠地一般，哪里也去不了。

如果你们能像这样改变对事物的看法，你们将能悟得殊胜的寂灭。请努力改变，让自己看见与了解。这些都是你们应该看见与了解的事。如果你们真的看见与了解，还需要再做什么吗？戒与法皆将自然具足。

当你们改变观点时，你们将会了解，那就像是看着叶子从树上掉落。当它们干枯时，就掉下来；当春天来临时，它们又重新生出。有人会为了它们的掉落而哭泣，为了它们的出生而欢笑吗？如果你这么做，有可能是疯了，不是吗？如果你们能如此看事情，就没有问题了。

你们将知道那只是自然的时序，出生几次都无关紧要，它一直都会像这样。当你们如此思维法，产生洞见，改变对世界的观点时，你们就能悟得寂灭，解脱世间法的干扰。

闻法应该能解答你们的疑惑，澄清你们对事物的误解，并改变你们的生活方式。当疑惑消除后，痛苦也将随之消失，你们将停止制造欲望与苦恼。之后，无论你们经验到什么，即使遇见不如意的事，你们也不会痛苦，因为你们了解它无常的本质。如果遇到喜欢的事，你们也不会得意忘形，因为你们知道放下的良方。你们维持一个平衡的观点，因为你们了解无常，并且知道怎样如法解决问题。你们知道善与恶的情况都一直在改变。知道内在现象，你们就能了解外在现象；不执著于外，你们就不会执著于内。无论向内或向外观察，都完全一样。

当我们了解事物的实相，并且不会执著于苦与乐时，我们就不需要刻意忍耐，因为法已经在我们的眼前，我们的经验就是法。无论什么事都是法，觉者根据实相而觉知。经过学法与见法的过程之后，现在事物已经成为法。当经验是法时，我们就可以停下来，因为寂灭已经现前了。没有必要再使用任何法，因为每件事都是法。内外现象都是法：能觉知者是法，因缘是法，这个觉知也是法，一切皆合而为一，即解脱。这个自然的本质，没有生、老、病、死，也没有悲喜、大小、高矮、黑白或轻重之别。没有东西可以和它相比，也无法描述它。世间的名言概念都沾不上边，也不适用。因此当佛陀谈到超越的层次时，他说："唯有智者自己能够了知。"它无法对人宣说或显示，只能施用善巧方便而已。达到它的人，将不受后有。世间的名言概念完全派不上用场，只能到此为止。

以这样的方式，我们可以安住在自然的状态，即寂灭与安定中。

无论受到批评或称赞，都可以不受干扰。我们随顺自然，不受外界影响。这就是解脱。觉知并且不落两端，我们将会体验到安乐。这是真实的喜悦与平静，超越一切世间法。我们超越一切善恶，凌驾于因果与生死之上。生在这个世间，我们可以超越世间——这是佛陀教导的目的，他不是为了让人受苦而说法。他希望人们达到寂灭，觉知事物的实相并得到智慧。这就是法，不必处于混乱或疑惑中。无论我们身在何处，都适用相同的法则。

在死之前先死

因此，趁活着的时候，我们应该训练平等心，让自己可以和他人分享财富与资产。有机会时，我们应该拿出一部分财物给需要的人，就像拿东西给我们自己的孩子一样。像这样分享东西，我们会感到喜悦。如果我们能够将财物分送出去，那么当呼吸停止的那一刻，我们将没有贪著与不安，因为一切都已经结束。佛陀说："在死之前先死。"在事物结束之前，先了结它们，这样你才可以轻松自在。让事物在瓦解之前先瓦解，在结束之前先结束，这是佛陀说法的意涵。即使你们已经听过教导千百劫，如果不了解这些要点，你们将无法去除痛苦，并且得不到平静，你们将见不到法。但是如果能够了解佛陀真正的意思，以此去解决问题，就可以称为见法。这样的见解可以去除痛苦，消除一切烦忧与苦恼。凡是认真修行，并且能忍耐，内心得到充分训练与发展的人，都将能达到寂灭。无论身处何处，他们都将没有痛苦；无论他们是年轻或年老，都将解脱痛苦；无论处境如何，或担任何种职务，他们都将没有痛苦。因为他们的内心已经达到苦灭的境界，在那里只有平静。

佛陀这样说，是为了改变你们的想法，让法显现出来。当心随顺法时，法就进入内心。心与法于是密不可分，这是行者们应该了解的事，能改变一个人对事物的见解与经验。法只能被个人所理解，它无法给予，那是不可能的。如果你们认为它很难，它就很难；如果你们认为它很简单，它就很简单。思维它而能掌握要点者，不需要知道很多事。了解要点，如实观察现象的生与灭，你们就能了解所有事情。这就是真实的情况。

这是成佛之道。佛陀为了造福众生而传法，他希望我们解脱痛苦，达到寂灭。解脱痛苦不一定要先死，我们不应该认为死后才可能解脱。现在，我们当下就可以解脱痛苦。在内在的认知上超越，就在这个世间，通过内心生起的洞见。接着，无论行、住、坐、卧，或在任何地方，我们都能感到喜悦。我们不再造恶业，因此没有恶报，安住于解脱境上。此时的心，清净、光明与平静，就像破云而出的太阳或满月，没有任何黑暗与染污，已经达到佛道的胜乐。

请你们仔细观察这件事，好好思维，以便获得洞见与力量。如果你们有痛苦，就借由修行减轻痛苦，让大苦变小苦，小苦变不苦。每一个人都应该为了自己这么做，愿你们修行顺利与进步。

注　释

[1] 僧伽结集大会：公元前 485 年，佛陀涅槃后不久，大迦叶尊者召集 500 名证果的阿罗汉于王舍城七叶窟结集经典。由于阿难尚未开悟，不在被邀请之列，于是在一夜精勤后，开悟证果，参与结集大会，诵出经典。

第六章 传法

通过修行,你将能发展出智慧与善巧方便,根据他们的需要教导他们。你不能只是一味地想改变这个世界,强迫人们变成你希望的样子。

一切都是善巧方便……就好像为了卖药而宣传，我们必须谈到它的功效——"凡是头痛或消化不良的人……"接下来，人们买或不买，就是他们的事了。但是我们必须去村子里说一些东西，否则他们根本就不知道那是什么。它只是引起人们兴趣的善巧方便。

　　法没有身躯或实体，但是我们仍然必须设法让人接近并理解它。我们用比喻与比较的方式，说它像这个或像那个，那全都是方便法。真正的法不能像这样展示或导览。好好想一想，没有人能将法给予他人。我们只能给人方便，以帮助他们了解，用他们熟悉的方式加以说明。因此，法在哪里？你们最好重新思考一下。

　　佛陀不赞同那些轻易相信他人者，他只赞扬那些勇于追求自我认识者。后者是清明的智慧，当你能够如此觉知时，就能解决问题。如果只是因为别人告诉你，你才知道，问题将一直存在。

　　例如，当你们来这里时，你们必须问人往邦高（Ban Gaw）村与巴蓬寺的路，以及寺院大概是什么样子等等。但是只听他们的回答，仍然无法清楚地认识。你们虽然知道，但是并不真实。你可以想一辈子，但是除非你实际到达这里，否则你永远不知道。如果别人问你巴蓬寺，你能怎么说？事情并不清楚，因为你只听过别人的说法，你的知识仍然不够实际。它尚未"到达"，因此仍然会有问题。

亲自确认方能相信

当你们真的到达，亲眼看见之后，疑虑才会一扫而空。你们可以说邦高村与巴蓬寺像什么，阿姜像什么。问题已经解决，因为你们已经亲眼看见。

因此佛陀教导我们，要实地禅修与觉悟。他称轻易相信别人的话为愚蠢。我们会相信别人的话，但是必须经过亲自观察与确认之后，才能真的相信。

就像人们……我常在想，最近人们都喜欢通过布施来"做功德"。这是常见的修行方式，人们觉得这样做很好。它确实很好，也很真实，但是应该将重点放在断恶上。事实上，断恶比布施或其他善行更重要。一个小偷可能无法停止他的恶行，但是却可能供养食物给比丘，或做其他善行。他可能于偷窃之后，再将赃物分一点给别人，并因此而沾沾自喜，但是要让他放弃偷窃却很困难。做功德与造恶是两回事，无法相抵，它们的"分量"也不同。每一个人都可以布施，不是吗？在我们的文化中，那是一种根深蒂固的传统。但是关于断恶——嗯！请仔细想一想。一个小偷不会这样做，除非他经过真实的转变。你们可以从这个小例子去思考。

读经，能体会法的实相吗？

修法与过如法的生活就像那样，听起来不难，做起来才难。我们需要通过修行去看与了解，而不只是听而已。之后我们必须往内看得更清楚，经过二度与三度审视，然后才可能确定没问题。在读经的过程中，我们可能持续会有疑惑与问题，"这个老师这样说，那个人那样说，佛陀的弟子们又这样说……"但是我们自己的心怎么说？我们并不知道。是的，舍利弗很好，目犍连也很好，但是我们像他们一样好吗？我们有像他们一样认真修行吗？"没有，但是让我先读读这个……"我们可能会先死在读经与闻法之下。

你能在读经时体会到法的实相吗？从经典里学到"嗔"与实际了解"嗔"不同。一个真正看见"嗔"的人会放下它，真正的觉知有别于书本上的觉知。你可能在听到教法后，心想："对！可能是这样没错。"但是当你的感官接触到实际情况时，你就失去控制了。在那种情况，你仍然放不下——"我知道，但是我就是放不下。练习时我可以放得下，但是现在我办不到。"

就最近我看到的情况而言，你们最好回去，正常地修行。有信心的人来了就会去做，我们不需要说太多，需要的是多修行。出现伤口时，你们最好是深入清理，而不只是处理表面而已，否则最后可能得将它切除。

法不是随便说说，人们立刻就可以了解。修行无法速成。就像谈论涅槃，那只会引来困惑，甚至导致人们批评佛陀："如果他完全了解，为什么要拐弯抹角地谈它？为什么不直接显示给我们看？"这里有个问题，它不是你能够清楚解释的事物，因此他只能如此说明。然而，我们却因此而指控他无知与笨拙。如果觉悟之后，就能让每个人都了解，为什么佛陀要让我们迷惑呢？

无明的黑暗比眼盲更可怕

这就像是为生盲者解释颜色，你怎么对他讲述黄色、红色或绿色呢？"绿色就像这样"，这对一个盲人来说够吗？"红色是如此这般"，盲人能了解吗？是的，你可以解释得非常详尽，但是他能从中得到几分呢？他不能了解的原因是什么？只是因为他的盲目，你不能归咎于解释。

你无法给其他人这个东西。佛陀为人解说，目的是为了帮助他们自己觉悟。但是人们却责怪佛陀，说他无知与笨拙，"好吧！如果你知道，就清楚地解释给我听。"这就好像盲人不停地问颜色，并且不停埋怨你解释得不清楚，你说："嘿！这是黄的，这件东西是纯黄色。"这有什么用？你说得愈多，他愈困惑。那么应该怎么办？最好回到问题的原点，问他："你的眼睛怎么了？让我们设法恢复你的视力。"此时你就不需要再为他解释红色、绿色与黄色，否则，再多的语言也无济于事。无明的黑暗远比眼盲更可怕。

因此，到头来，还是修行的问题。你们必须自己完成，法确实只是善巧方便而已。如果你们从来没有进来过这间禅堂，而我则已经见过里面的佛像与其他事物，并且认为你们最好也能来看。我应该设法让你们来这里，而不是对你们描述它。我可以向你们描述这座光辉的佛像，但是你们可能不相信我；因此我最好找一条路让你们进来。一旦你们见过之后，就会相信。

如何快速开悟？

如果人们很自私，并且固执己见，就很难让他们相信真实的事。当我们试着向他们解释时，他们可能会认为法不合道理或逻辑。他们会将自己的无知，归咎给他人。因此，我们怎么向他们解释法呢？我们只能教导那些愿意尝试的人。至于那些什么也不做，不愿意实地修行的人，则无法被教导，他们是所谓的"愚痴者"（padaparama，直译是"文句为最者";意译是"执文迷义、死于句下")。

哪一种人是"愚痴者"呢?是未受教育者吗?一个拥有博士学位者,或者一个终生住在森林里的人,都有可能是这种人。不过,住在森林里的文盲,也有悟法的能力,他可能是最容易见道的类型。不一定都要学习很多知识才好,一个博学多闻的人也可能是最绝望的人,因为自恃所拥有的知识而不相信任何人的话。这些人可能是最难缠的"愚痴者"。

修行真的可能变得很难,如果每个人都想快速觉悟的话。大学生经常来这里问我:"隆波!我们应该怎么做才能快速开悟?最快的方法是什么?"嗯!如果对"快速"有兴趣,就不需要费心修行了。你们认为这样的态度能开悟吗?

别和人争论修行

有些修行人喜欢争论禅法、戒律与止观,别和他们争辩,我从不和人争辩。我做我了解的修行,别人相信什么是他们的事,不要大惊小怪。我照自己的方式修行,如果你们有兴趣,也可以尝试,我无法强迫你们。如果你们感到好奇,就得自己去寻找答案,否则争论将没完没了:止与观、专注于腹部的起伏、念佛、念法……每个人都疯了,讨论与争辩什么才是正确的修行,什么才是最好的方式……真的是太过分了。但是有些人却乐此不疲,只要到了修行的时候,他们就喜欢发问。对于鸡毛蒜皮的事,他们也有问不完的问题。他们喜欢尝试每一种他们听过的禅法,片刻也不得闲,就好像底下有一把火在烧一样,一把他们自己点燃的火。

我们告诉他们:"坐下来禅修,你们就能把心安定下来。"修定能够让心平静,这听起来似乎不错,所以他们就试了。他们以为只要坐下来,就能入定。他们坐下来并且尝试将心固定,不过它却动荡不安,所以他们说那是谎言,根本无效。"啊!我已经试过了,坐下来修定,但是我的心却无法静止不动,它起伏不定,甚至比没有禅修之前更厉害。这些禅师根本是在说谎。"你们听过这样的话吗?你们会怎么对他们说?

佛陀时代的修行生活

这种事都是人们的贪欲与无知所造成,事情和他们所想象的不一样。看看佛陀时代的修行与生活情况,和现在完全不同。最近人们都只看书,他们博闻广记之后就开始教人,我不知道他们的想法出自何处。他们教导各种错误的观念而不自知,根本无法明辨是非。那是因为,这些知识不是他们内心真实的体会。

到了国会大选时,他们都说:"我是好人!我为了帮助你们而努力!"那么,民众已经投票给他们几年了呢?结果如何?也许我们有看到他们带来的一点点改进,然而他们做任何事的理由都是为了选举。他们渴望成为国会议员,如果没有这个欲望,他们就不会行动。他们必须以欲望为做事的动机,事情一般都是这么进行的。"哦!我是最好的……相信我!"谁才是最好的呢?每个人都说他们是,但是如果我们彻底审视他们,他们真的有那么好吗?

我不是批评任何人,不过人们就是这样。如果阿罗汉处于这样的情况,绝对不会这么说,这种说法只会引起困惑与动乱。阿罗汉不会进入国会,只有俗人才想成为议员,在那里他们可以玩弄世间的权术。你们能期望他们多好呢?他们局限于世间的价值,照着世间的动机行事，充其量也只能这样。或者我们该尝试让阿罗汉进入议会呢？

就和药一样，无论是哪种药，它们能有多好呢？每一种药都有其限度，没有一种药能起死回生。它们只能减轻痛苦，让我们暂时觉得好一点，如此而已。最后连医生的生命也会被死神夺走。就像这样，不要想得太复杂，也不要期望过高。

以坚持与忍耐来承担困难

我们寻求平静，但是必须有正确的思维，最重要的是要能坚持与忍耐。如果我们无法承担困难，一切都会垮掉。我们耐不住森林的独居，因此想放弃与逃离，离开后重新与人交谈，并且恢复从前的生活……

今天那些称自己为佛教徒的人，他们像什么？我已经仔细观察过，很少人能真正让人信服。那些可以被举出来，并说他们的心符合佛道者，真的很少。一些西方人问我："隆波！你已经完成你的研究与修行，并获得洞见，为什么你还要住在森林里？这里只有少数人而已。"我认为他们想引我进入屠宰场。"如果你到大城市去，可以帮助许多人，而在森林里则无法有太多贡献。"他们设下一个陷阱，等着杀我。

如果你们到城里，那个"进步"的地方去说法，那里的人会认为你们疯了。"疯狂的比丘来了，疯和尚在这里！"如果你尝试谈论没有"我"或"我的"等说法，他们会说你疯了，他们无法接受"无我"的观念。因此，我认为那些西方人是在设计我，送我上屠宰场。多数人根本听不进去。

人们问我是否教导外国人涅槃，或者我教他们什么。我只是尝试让他们自在一点而已，根本还谈不到无我的边。我只是指导他们应该做什么，就像我告诉他们："你应该把这个玻璃杯放在这里，放在这里两分钟，不要拿起来。两分钟后，再把它拿起来放到那里去。照这样做。"

"但是我为什么要这么做呢？"

"别说太多，照着做就对了！那样做很好，为什么需要问？这样做的过程中，智慧自然会生起。"

"这么做之后会发生什么事？"

"不要问！你来跟我学，你现在的任务就只是举起杯子再放下。"

能忍耐的人最后一定会觉醒

其中自然会产生智慧。经年累月地修行之后，内心将产生一些反应与改变，会有一些觉受。接着，智慧将会生起。他不需要问我问题，只要实地去修行即可。问一堆问题做什么呢？我只是教导你做这个，而你的工作就是去做它。"把它拿起来，放在这里两分钟，再把它拿起来，放到那里去……"只要持续这样做，就会有一些觉知。通过这个生起的觉知，他会知道一些事情。不过必须忍耐，一个能忍耐的人最后一定会觉醒。当他确实做到了，就不会在意我们给了他什么样的教导。

因此在最近的禅修中，无论发生什么事，我都只说："这不确定。"那就够了。好的经验——这不确定；不好的经验——这不确定；那个人很好，我喜欢他——不确定；那个人真的很讨厌——这也不确定。一切都回到这点来，这些事情的不确定性不会改变。如果你认为某件事情非常好，接下来你就可能会被它所困扰；如果你认为某件事情非常坏，那对你有帮助吗？如果你依循这两种模式，你就步上佛陀所警告的两种极端的后尘，不是放纵就是自虐。但是如果你把它们都放下，善与恶，你将如何自处呢？当你远离善恶两端时，那是什么境况？在那里没有固定不变与客观真实的事，如果你能如此修行，就能得到觉悟。

还有什么好执著的？

请想想这点，当你看见一切事情都真的是不确定时，你还有什么好执著的？你会放手，让事情顺其自然。如果你需要解决问题，就应该做出适当的反应，而非过度高兴或失望。当你看见一切都不确定时，它们就失去价值了，不是吗？不确定的事无法吸引你，它们就像废物一样。"这是垃圾……那是垃圾……"谁会想要它们？"这不确定……那不确定……"你为什么要执著于不确定的事呢？你能从这些没有价值的事情上得到什么？因此"不确定"将强而有力地带领你进入一些确定的事中。这是你需要做的。如果你能这样做，我可以毫不迟疑地说，你的禅修一定可以成功。

我们无须学太多，维持平常心即可，不需要过度控制心。当我们看见每件事都不确定时，就不需要对事物有贪恋或厌恶的情绪，我们应该放手。为什么要对不确定的事纠缠不清呢？认为事物是确定的这种想法，会让我们贪恋与迷失。

如果我们不这样修行，而是一直发问，希望从不同人的身上寻找答案，我们能得到什么？如果我们修得不对，如何能冀望从他人的话语中获得内在的智慧？

得到经验的真髓

佛陀并不贪心，他一次只教几个人而已。最初，只有五名苦行者。他没有教他们很多东西，他们是从修行中学习。当一个人修行时，就会有经验。这种经验会创造热忱,他会乐于奉献与牺牲。其他人不了解为什么他会那样,他们完全不明白那个人内心的体验。如果他尝试告诉他们,他们只能从他的话里得到肤浅的知识,而无法获得经验的真髓。只有行者能悟得道果,其他人则见不到它。

如果你想从其他人的话里得到它,你可能会受挫而中途放弃。我觉得真正需要的是实际去修,而不是做一大堆复杂的思考。依照戒、定、慧去训练,无论其他老师怎么说,都不要搞糊涂了。老师必须用不同的方式教导,以各种善巧方便让人了解与修行正道,知足惜福。之后,弟子们将通过自身的精进修行,得到觉悟。

也许你们还没觉悟,这点困扰着你们。你们受限于渴爱[1](taṇhā),想要赶快进步。别担心,它自己会进步。如果你今天种下一棵树,你能期望它明天就完全长大吗?那可能吗?你们的工作只是浇水与施肥,至于它长得快或慢,就不是你的事了。那是树的事,不是你的。你可以站在那里埋怨它长得太慢,一直到死。你会开始怀疑是否土壤不够好,因此你将它拔起来,移植到别处去。但是你将再次嫌它长得不够快,一定又是土壤的问题。因此你又把它拔起来,种在别的地方。一直这样做,幼苗总有一天会被你弄死。

急着到哪儿去?停下来吧!

你急什么?希望事情赶快发生是一种渴爱;希望它慢一点,也同样是渴爱。你是要跟着渴爱还是跟着佛陀修行?那是你的选择。当你迷失时,麻烦便随之而来。修法的过程一定要有耐心与毅力,当你达到目标时,就不再有任何法了。你不需要再修任何东西,也不需要再刻意忍耐。但是,你现在正在尝试修行,还没有抵达目的,你还是必须以法为工具。当你放下时，就不需要再忍耐，或做任何努力。一切都结束了，你就是法。现在你想成为某物，而每件事不是太快就是太慢，你急着到哪里去？你必须停下来。

不要根据渴爱说话，不要根据渴爱行动，不要根据渴爱思考，也不要根据渴爱饮食，但是我们所做的每件事却都是出自渴爱，如此我们怎么能期待见到实相与获得觉悟呢？渴爱何时才会结束？我们每天都呵护它与喂养它，却又不切实际地认为它会结束。它只会持续茁壮，想想你自己所做的事吧！你为什么做这些事呢？完全是因为渴爱的缘故。

深入思维这点，如果你放下并遏阻渴爱之流，你的行为就会持稳。无论精神好坏，你都会继续修行；无论心情如何，都不会停下脚步。你不会受到情绪的影响。如果只有心情好的时候才修行，心情不好的时候就偷懒，那只是顺着渴爱行事。你何时才能回到佛道上呢？如果你觉得很懒，别在意，继续你的修行；觉得很有劲，还是修行。不要管那些感觉。如果只是跟着情绪走，或一时兴起才修行，你就不是佛弟子。真正的佛弟子，绝不会受到懒惰的影响而停止修行。懒惰或勤勉能在心中维持多久？看看它们的特征，以及它们出现的方式：它们一直在变化，你则持续在它们之间摆荡。跟着无常的现象走，你就是渴爱的弟子，而非佛弟子。

坚定的修行决心

阿姜曼的伟大弟子们，和佛陀以及他的弟子们一样，修行的决心都相当坚定。在佛陀的传记中，我们看见，他是如何在经历数年的苦行之后，坐在菩提树下发誓："即使血肉枯竭，若不证得正等正觉，我誓不起座……"

这些是佛陀说的话,我们从书本上读到这个故事,心想:"哇!他真的办到了,我也应该效法他。"我们可能只禅修了一年左右,但是深受鼓舞,决定效法佛陀。因此我们点燃了一支香,心想:"在这支香烧完之前,即使痛死,我也绝不起座。"我们学习佛陀的说法,并且真的去做,但是事情似乎并不简单。我们觉得好像已经过了三个小时,因此睁开眼睛,但是香还是很长。我们一直冒汗并感到痛苦,"哦!但是我说宁死也不停止……"因此我们再度闭上眼睛,又经历了两三次的煎熬,但是香持续在烧。我们感到沮丧,开始觉得自己可能福报不够,念头起伏不定。我们发出像佛陀一样的宏愿,但是却不曾想过佛陀已经修了多久的波罗蜜行。

如含苞待放的莲花

佛陀觉悟之后,曾经想隐身起来,不是吗?他不想教人。深入思维后,他发现众生的烦恼深重,一片黑漆,世间的情况比他所想的更黑暗。无论他说什么都不容易被理解。之后,他想到四种莲花,看见即将觉悟的众生,就像含苞待放的莲花,因此才决定教导。

但是我们还没到那种程度。只是教导五戒,人们就会说因为活在这个世上,所以他们做不到。重点在于克制某些行为,但是人们却无法自制。那些在上位,有权支配他人者,通常情况最糟。人们的心中没有戒,也没有法,即使他们可能知道一切说法,并且也参与各种法会。有些人研究得很深入,并且可以高谈阔论,但是他们的心与他们的话却不一致。

那么我们应该怎么做?恰如其分即可。如果人们不相信我们,不要像其他老师一样,认为他们愚笨或低劣。事实上,是我们愚蠢,因为我们不会教他们。你必须先加强自己的修行,改善自己,让自己真的了解与相信。通过修行,你将能发展出智慧与善巧方便,根据他们的需要教导他们。你不能只是一味地想改变这个世界,强迫人们变成你希望的样子。不要无端生事,每个人的存在都有其原因。许多佛陀都在这里自我训练,放下他们的包袱,他们并没有带着世界一起走,因此不要太担心这点。做你能做的就好,尽可能自利与利他。放下你应该放下的,并且做你应该做的,不要担心如何教导全世界都遵循法。

只有善巧方便

有一个比丘是很好的例子。过去你们可能都在这里见过他——当他还是在家人时,他经常来听我开示。他希望每个人都表现良好,因此总是指正别人应该怎么做。我只是听其自然,之后他决定出家。出家之后,他积极传法,希望能激励人们产生信仰,不过事情进展得并不顺利。

我告诉他:"当两头牛共同拖一辆车时,如果它们行动一致,车子就会走得比较轻快。想想这点,如果其中一头牛走得比较快,最后两头牛都会停下来,它们根本走不远。如果你是带头的牛,你最好放慢脚步,等另一头牛跟上来。如果一味埋头苦干,只会增加自己的负担。你何不放松一点,和另一头牛一起拖这辆车呢?"

稍后他回去了。这段简短的谈话直接触及他的要害,因为这正是他一直在做的事。他想训练在家人,在斋戒日时,他要求他们彻夜禅坐:"喂!先生、小姐!今晚大家要通宵修行,不可以睡觉。"但是他们忍不住会在座位上睡着或躺下。没有人想那样刻苦修行,他们缺乏正确的决心……无论他怎么用力"拉",也无法让他们跟上他的脚步,这开始让他觉得很累。当他几乎要崩溃时,我想他记起了我的话:"嗯!我似乎正在拖一辆车与一头牛,也许我应该放慢速度,让另一头牛跟上来,和我一起拖车……"因此他回来,希望从我这里听到一些法。我告诉他,我没有法,只有善巧方便,只有一些话可以说。

等待时机成熟

我说:"当时机还没成熟时,你能怎么做?如果一个小孩今天出生,你希望他明天就长大,好让他协助你工作,那么你的期待势必会落空。因此你能怎么做?显然你应该耐心地照顾与养育这个小孩,否则你将会发疯。你不能期待他马上长大。"这些都是渴爱:想要、揠苗助长、忽略因果,以及无意义的奋斗。

关于职业,现代人都想要做很少,却得到很多,最好能什么都不要做。对于这点,全世界的人都会举双手赞成。不过,佛陀却说,无论做什么都得努力去做,我们应该量入为出,其间需要一些训练与节制消费。但是当我们陷入渴爱时,就没有节制这回事。我们的收入永远都不够,就好像拿钱给疯子花用一样。他会花光所有人的薪水,却仍然无法满足,就像把铜钱丢到海里一样。

那么谁会对自己拥有的东西感到满足呢?疯子永远贪得无厌。我们应该想深入一点,我自己就曾深思过:对于不了解的人来说,那真的是一件很深奥的事。他们得到他们应得的东西,但是禅师们却说:"管好你自己!"你们听过吗?人们时常抱怨,当他们焦头烂额时,我们却只想谈论法。……你会怎么对这些疯子说?很难令他们了解,就像我曾说的,你怎么告诉盲人颜色。我们提到白色,而他们只想知道:"白色像什么？"

"像石膏。"

"石膏像什么？"

"哦！它的颜色和天上的云一样。"

"云又像什么？"

"嗯！它们就是白色。"

找出每个人眼盲的原因

愚蠢的人就像这样，一直不得其门而入。最好能找出每个人眼盲的原因，它何时开始，是什么原因造成等等，并试着找出解决的方法。我们不需要解释世间所有的颜色，等到有一天他们张开眼睛，看见这个世界时，他们自己就会知道，不会再有任何疑问。这个方式可能比较好。

你会怎么解决问题，又会怎么回答与解决他人的疑问？尤其是对那些受过高等教育的人，你更是没有什么可以对他们说的。有时候我们这些可怜的禅者，会被大学生问得失望透顶，他们什么事都想要快速解决。你教他们练习某件事，他们会嚷着说办不到。办不到，他们就得从头开始，坚持做下去，直到他们能办到为止。

因材施教

相信我，这些年来，我一直在寻找各种教人的方法。现在，我只会尝试做我能做的事。超越我能力范围的事，我会暂时放在一边，有些事情我只能放手不管。有些人很好教，有些人则很难。有些人不需要人教，他们自己会觉悟实相，不需要别人的督促。

第六章 传法

你们可以看到最近我是怎么对待前来这里的比丘,现在我不会教很多东西。有能力看见的人,并不需要很多教导。你可以把他们留在森林里,他们会看着树,心想:"啊!树就像人一样:一棵树的枝与叶,最后都会干枯,人的情况也是一样……"这就称为"从略说中获知者"(ugghaṭitaññū,或译为"智慧敏锐者")。只要待在森林里,他们自己会生起智慧。他们可以看出人生的本质,他们具有这样敏锐的心,因此不需要教太多。

其他人必须前来坐在这里听讲,他们是"从广说中获知者"(vipaccitaññū,或译为"聪明者"),需要听闻譬喻与比较,才能了解。他们无法被单独留在森林里。只要有一些教导,他们就可以看见。只要有正确的指导,他们就会改变观点,了解他们以前不了解的事。

接着是"应教导者"(neyya,或译为"堪受教化者")。对于这种人,你必须给予大量的教导与训练,最后还是可以达到目标。就像一个团体里有 100 个学生,也许有 80 个能毕业,他就是那第 80 个。他还是可以毕业,并且与其他人一起工作,善用他所获得的知识。

但是在此之下的人[2],就得留在外面了。

"今天你一定不能做这些事。"

"是的,先生。"

但是几天之后,他们又故态复萌。

"再也别犯了。"

"是的,先生。"

但是没多久,他们又犯了。因此你再说一次:"你一定不能那样做。"

"是的,先生。"

他们一直都"是的,先生"。最后,你必须放手,让他们回到"以前的主人"那里。那是谁？就是业。有时候你什么也不能做，你必须放弃，让他们去面对自己所造的业。你必须停止尝试改变他们，就把他们留在那里。旧的业力太强大了，你无法和从前的主人对抗。

世间自有其运转轨道

当你们面对人事时，别忘记这点。有时候人们表面上似乎慢慢有进展，实际上却是在退后。当卡车走到路的尽头时，你不能强迫它载着货物继续前进。如果你还是不满意，希望它继续前进，最后它不是被困在那里就是会翻覆。你必须知道自己的能力，并且满足于你所能做的，否则，你最后会成为饿鬼。

世间自有其运转的轨道，我们只能尽自己的力量去解决问题。事物的本质还是一样，开始时出生，中间转变，最后则消逝。只要做你能做的事，做符合当时情况与你的能力的事。尝试做超过这个的事，只会为你自己带来更多的苦。想想这点，它不是自私。有些人会说："这家伙真自私，他一点也不想帮忙。"你自己最清楚这是不是真的，不要随便附和别人的说法，而是要看清楚自己的状况。如果你真的是自私，才可以接受这样的批评。应该像这样信赖自己，依靠别人的话有什么用？如果有人说你的善行不好，你会怎么回应？对别人的说法争论或生气，都无济于事。重点是你必须检视自己，并客观衡量那些话。

尝试让人信服无法带来利益

但是到了最近，这样做却变得有点难，尤其是对那些在位者来说。也许警察在一件窃盗案中逮捕了两个人，其中一个确实有犯案，另一个则没有。但是当两人被审讯时，他们都声称自己是清白的。

"你有偷吗？"

"哦，没有。"

"那么你呢？你有偷吗？"

"哦，没有。"

两人的答案都一样，但是却只有一个人说实话。对于侦办人员来说，判定事实真相并不简单。其中一个人是无辜的，他说："不，我没做。"另一个犯罪的人也说："不，当然不是我做的。"那么警察能怎么做呢？他们不能依赖嫌犯的话，必须独立调查。因此你最好能自己去认识，并相信自己。不要太有野心，恰如其分地认知与行动即可。

近来，我不太在意别人对我的话是否有兴趣，尝试让人信服似乎无法带来利益。我就在这个寺院里，生活就是这个样子，如果有人想来见识一下，欢迎他们。

如果邻近地方起火，并且已经延烧数栋房子，消防人员首先会尝试保护还没着火的房子。对于已经着火的房子，他们已经无能为力。真正有拯救价值的是那些还矗立着的房子，这是消防人员的工作。

法在心中生起，造福世间

如果我们尝试解决所有人的问题，不管它们有多棘手，那么我们一定会疲于奔命。我们应该做的第一件事是以身作则，不再以世俗或自私的方式处事。如果我们能如法行事，有善缘的人就会注意到，并对我们的话感兴趣。它们会吸引那一类的人。

当法在一些人的心中生起时，它就能造福这个世间。善人会欣赏它，恶人则否。有些事情你可能不喜欢，但是世人却称它为法。你们的看法不同，当然信仰也不同，他们喜欢做你认为没有价值的俗事，这个情况由来已久。我们需要换个角度来看：如果每个人都很好，世上就没有坏人；没有坏人，就没有任何问题；没有问题可以解决，就可能很难发展出智慧。

从来到巴蓬寺以后，我就一直在想这件事。由于森林里的僧团禁止打猎为食，因此自然形成一个生态保护区。我认为这是一件好事，但是却仍然遭到批评："你们为什么要住在这里？你们来这里就是为了保护树吗？这就是比丘要做的事吗？你们不是应该舍弃一切世间的事物吗？为什么还这么关心树与动物？……"

我听到他们的话了，但是我怜悯松鼠及其他小动物，不希望它们被猎人射杀。"你们在养动物吗？它们不是野生动物吗？这不是比丘的事……"

我想了想——是否应该在寺院周围设立围墙？我们那样做了，但是人们对我很不谅解。我的动机真的很好。之后村里的狗来这里，它们追逐并杀害了许多松鼠，令人惨不忍睹。我们能怎么做？我们必须设法阻止狗进入寺里……最后，几个月之后，我才了解我想错了。

这只是这些动物的本能。如果我们把狗赶走，松鼠可能会变笨。危机存在时，它们会比较敏锐与小心，为了对付狗，它们会发展出自己的智慧。

请用心思维法

在这种情况之下，错才好，它会将潜能激发出来，引领我们走向对与善。我们审视自己的行为，考虑它们是对或错。一个木匠在砍伐木头时，必须测量长度。短能调整长，长亦能调整短。这个世间就像这样，所有事情都是相对的。我了解到我必须放手，让狗与松鼠自己去整理出它们的秩序来。虽然现在松鼠的数量在减少，但是它们已经变得更机灵了。

因此问题是出在我的身上，因为我想防止狗去咬松鼠，并且想防止人们批评。但是人们本来就有批评的立场，我决定针对问题去解决，学习不做无谓的抗争。

住在巴蓬寺的森林里，有其困难的处境。在这里困扰我的事，我必须学习在这里解决它们。有好几年，我的身体因为疟疾而烧得很严重，几乎夺去我的生命。但是我满足于待在这里。停留并看清事实，你会学到一些东西。当你的心力增强时，困难的处境与问题就会减弱。它们为什么会减弱？只因为你的力量已经增加，因此相形之下它们就变弱了，即使它们还是和以前一样。

这个情况很正常，你不需要想太多。反之，你应该只做你能做的事，不需要做会带给你痛苦的事。如果你的内心产生痛苦，这个教导一定出了什么问题！修法的重点是解决痛苦，因此为什么要增加你的痛苦呢？我们需要看我们是哪里出错。如果别人不想听我们的话，我们为此而感到难过的话，我们就错了。我们修行是为了解脱苦，因此为什么要制造苦呢？我们真的很糊涂，仔细观察这点。你不需要崇高的涅槃思想，只要向内看。除此之外，你还能从哪里开始观察与克服呢？请用心思维这件事。

注　释

[1] 渴爱：凡夫爱著于五欲，如渴而爱水也。维摩经方便品曰："爱身如炎，从渴爱生。"

[2] 此指前述"愚痴者"（padaparama）。

附录　词汇表

afflictions（巴利文为 kilesa）：内心的贪、嗔、痴等烦恼。

ajahn（巴利文为 ācarya）：巴利文之音译为阿阇梨，即老师。

Ajahn Mun（1870—1950）：阿姜曼（或译为阿姜满、阿迦曼），20世纪泰国最著名的禅师，也是阿姜查等多数东北大师的老师。

Ānanda：阿难，佛陀的侍者与常随弟子。

arahant：音译为阿罗汉，上座部佛教最后证悟之果位，直译为"断除烦恼者"或"杀贼"。

ariya：圣者，已经觉悟证果者，因此不再是凡夫。

bhikkhu：比丘，完全出家之僧人，直译为"看到轮回之危险者"。

Buddho：佛陀之名，在泰国一般被拿来作为禅修（念佛）之对象，为"觉知者"之意。

deities：仍有生死之天神，为六道轮回之最高层。

Dhammo：作为禅修对象之"法"，与 Buddho 类似。

Dhamma：佛陀之教法，究竟实相。直译为"存在者"，指存在之现象。

dhukkha：不圆满，存在之苦的本质，四圣谛中的第一圣谛。

Eightfold Path：八正道，四圣谛中的第四圣谛。是解脱痛苦之道，包括正见、正思维、正语、正业、正命、正精进、正念与正定。

eighth rebirth：第八次转世。进入涅槃之流者（须陀洹），不出七次转世，即可达到究竟之觉悟。

Eight Wordly Dharmas：世间八法，即得、失、毁、誉、称、讥、苦、乐。

five aggregates：五蕴，包括色、受、想、行、识。

four foundations of mindfulness：四念处。南传佛教的基本禅法，包括身、受、心、法等念处。

Four Noble Truths：四圣谛。佛陀初转法轮所传之法，包括苦、集（苦升起的因）、灭（苦的止息）、道（到达苦灭之道）。

hungry ghosts：饿鬼。无法进食的不幸众生，通常被描写成肚大、嘴小、骨瘦如柴。堕入饿鬼道的原因是贪心与吝啬。

khandha：蕴。为色、受、想、行、识等的积聚，常被误解为个人或自我。

kuṭī：出家人的住处，由柱子撑起的小屋。

lower realms：恶道，极苦的状态。

Luang Por（泰文）：隆波。对老和尚尊敬与亲切的称呼，直译为"尊贵的父亲"。

Magha Pujja：为纪念僧伽成立的重要佛教节庆。

merit（巴利文为 puñña）：福。指心的善德，以及累积善德的行为。

Moggallāna：目犍连。佛陀的两大弟子之一，神通第一。

nāga：龙王，佛教神话中像蛇一样的水族之神。

neyya：堪受教化者，直译为"应教导者"。

nibbāna：涅槃。觉悟后的究竟境界，熄灭贪、嗔、痴。

nonreturner（巴利文为 anāgāmin）：不来果。阿罗汉果之前的第三沙门果，不再转生于欲界，于无色界中成就道果。

once-returner（巴利文为 sakadāgāmin）：一来果。入流果之后的第二沙门果，于欲界中，再经一次转世即可成就道果。

pacceka buddha：独觉。无师自悟者，但无力教导他人，通常被说成独居于世。

padaparama：愚痴者，直译为"文句为最者"，最多只能了解字面上的意义。

pāli：圣典语。

perfections（巴利文 pāramin）：十种波罗蜜，一、施波罗蜜，二、戒波罗蜜，三、出离波罗蜜，四、般若波罗蜜，五、精进波罗蜜，六、忍辱波罗蜜，七、谛波罗蜜，八、决意波罗蜜，九、慈波罗蜜，十、舍波罗蜜。

rains retreat（泰文为 pansa，巴利文为 vassa）：亚洲地区从7月中旬到10月中旬，为期3个月的雨安居。出家人在这段时间安住在一处，不外出旅行。传统上是一段密集修行的时期。

requisites：资粮。出家人的生活必需品，包括衣服、饮食、住处与医药等。

samādhi：三昧或禅定。

samaṇa：沙门。出家人，直译为"息恶"或"息心"。

samatha：止，音译为"奢摩他"。

saṃsāra：生死轮回。众生由其未尽之业，故于六道中受无穷流转之苦。

saṅkhāra：行，泛指一切有为法。一切生灭变异之法，皆称为行。五蕴中的行蕴，则是指色、受、想与识之外的一切有为法。在泰语的用法中，它也可以用来指身体。

Sāriputta：舍利弗。佛陀的两大弟子之一，智慧第一。

sāsana:佛教,或译为"佛陀的教法"。

sīla:戒。意指行为、习惯、性格、道德等。一般是指善戒,特指为出家及在家信徒施设的戒规,有防非止恶之功用。

skillfulness(巴利文为 kusala):善巧。指巧妙地接近、施设、安排等,乃一种向上进展之方法。对真实法而言,为诱引众生入于真实法而权设之法门。

Songkran(泰文):松克朗。4月13日,旱季结束之后,传统的亚洲新年,包含泼水节庆在内。

sotāpanna:须陀洹。沙门初果,已经进入正觉之流,最多再往返欲界七次,即可解脱。直译为"入流者"。

Tathāgata:如来,佛陀的称号之一。

Three Jewels:三宝,即佛、法、僧。

tudong(泰文。巴利文为 dhūtaṅga):头陀行,上座部比丘所允许之苦行。

Ubonrachatani:乌汶。位于泰国东北部的省份,是阿姜查居住与阿姜曼诞生的地方。

ugghaṭitaññū:智慧敏锐者,直译为"从略说中获知者"。

upāya:方便,教导与训练他人的方法。

vipaccitaññū:聪明者,直译为"从广说中获知者"。

vipassanā:观,音译为"毗婆舍那"。

Visakha Puja:卫塞节。佛陀降生、成道、涅槃皆在阳历5月月圆日,故此三个节日之汇集节庆,即称卫塞节。

wat(泰文):寺。

BEING DHARMA: The Essence of the Buddha's Teachings

by Ajahn Chah and Paul Breiter (translator)

Copyright © 2001 by Paul Breiter

Published by arrangement with Shambhala Publications, Inc.

Horticultural Hall, 300 Massachusetts Avenue, Boston, MA 02115, U.S.A.,

www.shambhala.com

Simplified Chinese translation copyright © 2009

by Lipin Publishing Company

ALL RIGHTS RESERVED